우주를 맴도는 러셀의 찻잔

우주를 맴도는

러셀의 찻잔

주민수 지음

생각나눔

Contents

Always

Boundary

Conditions

Determine

Everything!

여는 글

만일 내가 지구와 화성 사이에 도자기 찻잔 하나가 타원궤도로 태양 주위를 돌고 있다고 주장하고, 이 찻잔은 너무나 작아서 가장 좋은 망원경으로도 볼 수 없다고 덧붙인다면 아무도 내 주장을 반증하지 못할 것이다.

하지만 아무도 내 주장을 반박할 수 없기에, 내가 이를 의심하는 것은 인간의 이성에 대한 참을 수 없는 억측이라고 주장한다면, 모두들 당연히 내가 헛소리를 하는 것이라 여길 것이다.

하지만 만약 이 찻잔이 존재한다는 것이 고대의 책에도 나오고, 일요일마다 신성한 진리로 가르치고, 학교에서 아이들에게 주입한다면 이 존재를 믿기 망설이는 것은 기행의 표식이 되고, 이를 의심하는 자들은 현대의 정신과 의사나 옛날의 이단 재판관의 관심 대상이 될 것이다.

– 버트런드 러셀

무릇 살아 있는 것들은 모두 생명의 강을 따라 흐르다가 에너지가 다하는 순간 생명의 강바닥으로 가라앉고 맙니다. 새로운 사건은 새로운 변화에서 비롯되는데 시간이 흐름으로써 변화가 일어나는 것이 아니라 변화가 일어남으로써 시간이 흐릅니다. 시간은 변화가 엮어내는 창발성으로 인과력이 없습니다. 에너지라는 비용을 내는 시간여행이 생명임을 생각해 보면 생명체는 결국 시간여행자라는 말이 됩니다.

특히 인간이라는 시간여행자는 '존재와 인식'이라는 왕국에서 『벌거벗은 임금님 The Emperor's New Clothes』이라는 안데르센의 동화처럼 철학자와 과학자라는 재단사들이 왕국의 임금님에게 지어 바친 '진리'라는 이름의 옷을 마주하게 됩니다. 이들은 '진리'라는 옷은 어리석은 사람들에게는 결코 보이지 않는 옷이라고 온 나라에 선전합니다.

마침내 '존재와 인식'이라는 왕국의 임금님은 마치 동화 속의 임금님처럼 벌거벗은 임금님이 되고 말았지만, 혹시라도 어리석은 백성이라는 소리를 들을까 겁을 내는 왕국의 백성들은 그 누구도 감히 임금님이 벌거벗었다는 말을 할 수가 없습니다. '진리'라는 이름의 옷은 참으로 〈러셀의 우주찻잔〉을 닮았습니다.

"A is not B."

① A (is not) B. ⇨ { A ≠ B }
② A is (not B). ⇨ { A = ~B }

〈러셀의 우주찻잔〉을 닮은 '진리'라는 개념의 시작은 고대 그리스로 보아야 할 것입니다. 특히 고대 그리스의 파르메니데스가 "존재하는 것은 존재하고, 존재하지 않는 것은 존재하지 않는다."라고 '존재'에 관해 지극히 당연해 보이는 선언을 한 이후 데모크리토스는 "존재하지 않는 것은 존재하는 것 못지않게 존재한다."라고 '부재'에 대

해 실로 엉뚱한 주장을 펴게 됩니다. 그리고 마침내 서양철학에서는 '존재하지 않는 것'이 '존재하는 것' 못지않게 버젓이 존재하게 되는 황당한 일이 벌어지게 됩니다.

〈있음의 없음〉은 인식의 문제인 반면 〈없음의 있음〉은 존재의 문제입니다. 데모크리토스의 주장으로 인해 〈존재의 부재〉라는 '열림의 논리'가 〈부재의 존재〉라는 '닫힘의 논리'로 탈바꿈하는 논리의 비약이 일어나게 됩니다. 배타성의 결정에 기준이 되는 열림/닫힘의 문제는 후대의 논리학과 집합론에서 〈임의 아님〉이라는 열림의 문제와 〈아님의 임〉이라는 닫힘의 문제에서 다시 골칫거리로 부활하게 됩니다.

자연을 둘러보면 동물의 눈이나 새의 날개 등 생명체의 형태가 생존에 알맞게 디자인되고 시험이 끝나 진화가 완료된 듯이 보입니다. 이렇듯 지구상의 생명체는 현재완료형으로 보이지만 사실 생명현상은 영원한 현재진행형입니다. 시간이 흐름에 따라 세련되어 가는 듯이 보이는 자연은 단지 디자이너 없는 디자인일 뿐임을 알아야 합니다.

생명체는 자연으로부터 주어지는 위협에 대처할 방법을 진화 과정에서 습득함으로써 생존을 유지합니다. 생명체가 환경의 위협에 제대로 대응하기 위해서는 주어지는 자극을 변별할 수 있어야 하므로 결국 효율적인 자극 처리 기제가 생존의 관건이 됩니다.

의식이라는 존재가 발현되기 이전 단계인 진화 과정의 초기에는 필시 물리적 단순 자극에 대해 직접적인 대응 방식인 국소적 사극 처리 기제만의 형태였을 것입니다. 이 기제에서는 입력된 물리적 자극이 직접 실행 단계로 이어지게 됩니다.

여기서 생명은 집합명사라는 점을 기억해야 합니다. 집합의 생존은 정보의 공유가 좌우하게 되는데, 정보의 공유에는 공간적 공유와 시간적 공유의 두 가지가 있습니다. 정보의 공간적 공유는 의식이라는 이름으로 그리고 정보의 시간적 공유는 기억이라는 이름으로 진화하게 됩니다.

그런데 자연의 생명체들이 진화 과정을 통해 점차 복합적인 형태를 이룸에 따라 외부 자극에 대한 대응 능력의 조절이 필요하게 됩니다. 즉 국소적 자극 처리 기제는 개체 전체의 전역적 대응 기제로의 전환이 필요하게 되고, 마침내 자극 변별 기전과 자극 공유 기전을 함께 갖추는 전역적 자극 처리 기제의 방향으로 진화가 진행하게 됩니다.

입력된 자극을 유기적으로 처리하는 기제인 전역적 자극 처리 기제는 일반 동물의 경우처럼 단순 자극에 대응하는 기본 자극 처리 기제를 거쳐 마침내 인간의 경우와 같이 언어라는 고차의 자극을 처리하는 고급 자극 처리 기제로 진화하게 됩니다. 이렇듯 진화의 최종 결과인 고급 자극 처리 기제는 곧 인간의 마음으로, 마음은 언어라는 입력을 처리하여 정보로 출력하는 기제입니다.

언어는 인간의 지각을 무한으로 확장함으로써 니체의 표현처럼 동물과 달리 '순간의 말뚝'에서 놓여나게 합니다. 또한, 관념으로 이루어진 위상공간이라는 가상공간을 만들어 내고는 이 공간에 현실 세계의 모형을 구축함으로써 실재로서 해독되는 〈가상현실〉을 구현시켜 줍니다. 즉 각자의 머릿속에 그려지는 그림이 곧 그의 현실이 됩니다.

여기서 중요한 점은 가상현실은 가상자극의 생성이 가능하도록 해준다는 사실입니다. 이때 가상자극은 인체의 생리적 자극—반응 사슬에 중간 진입함으로써 실제 자극과 마찬가지로 실제 반응을 일으키게 됩니다. 가상현실이라고는 하지만 실재로서 해독되고 운용되는 세계를 창조할 수 있다는 의미에서 인간은 가히 신을 본떠 만든 존재라 할만 하겠습니다. 비록 불가에서는 이를 일컬어 꿈이라고 이릅니다만.

세대를 이어 전승되는 행위를 문화라 할 때 과학은 분명 문화의 일종입니다. 다만 과학은 수학적 은유일 뿐 수학적 묘사의 정립이 현상의 이해를 뜻하지는 않습니다. 수학적 경계조건이 결정하는 상황 논리가 법칙임을 생각해 볼 때 뉴턴의 물리학이라는 새로운 문화가 시작된 지 4세기가 되어 가는 이제 자연의 본질에 대한 이해에 되새김이 필요해 보입니다.

자연의 변화를 살펴보면 구조를 결정짓는 퍼텐셜에너지의 차이인 반응에너지만으로 변화가 가능해 보이지만 사실은 활성에너지라는 값이 필요합니다. 활성에너지는 반응에너지에다 '활성 장벽'이라 부르는 문턱에너지를 더한 값을 말합니다. 마구잡이 변화를 가로막아 안정을 유지시키는 울타리와 같은 역할을 하는 활성 장벽은 변화에 저항하는 마찰의 의미로 이해함이 타당해 보입니다. 즉 활성 장벽은 보편적 마찰인 〈메타마찰〉이라는 새로운 개념으로 해석해야 할 것입니다.

자연의 변화에 필수적으로 수반되는 메타마찰은 열역학적 마찰의 개념입니다. 따라서 메타마찰은 산일 구조의 근거로서 엔트로피의 진정한 의미를 알려 줄 열쇠로 볼 수 있겠습니다. 활성 장벽이라는 메타마찰의 극복 과정에서 남겨지는 비가역적 흔적이 엔트로피로 풀이될 수 있는데, 시간이라는 존재는 엔트로피에 대한 은유입니다. 즉 활성 장벽은 시간의 생성을 주관하는 〈시간의 둑〉인 셈입니다. 이때 시간의 둑 앞뒤의 두 현상을 쌍으로 묶어 인과관계라는 이름으로 부릅니다.

시간이 흐름으로써 변화가 일어나는 것이 아니라 변화가 일어남으로써 시간이 흐르는바, 자연의 변화가 엮어내는 창발성을 표현하기 위해 인간이 고안해낸 파라미터가 바로 시간이라는 존재로, 파라미터란 일종의 가상 좌표입니다. 따라서 시간을 자연에 실제로 존재하는 하나의 물리량으로 간주하는 관점에는 무리가 있어 보입니다. 그런데 시간과 관련해서 정작 어이없는 일은 인간이 자신이 창조한 시간이라는 개념의 노예가 되어 있다는 사실입니다.

존재의 문제를 사색하던 아리스토텔레스는 〈존재의 존재〉라는 추상성의 문제에 부딪히면서 보편자라는 해결책을 내놓습니다. 여기서 객관성이란 단지 기준의 공유에 불과함을 잊는다면 진실이라는 허구는 과학에 미로를 만들어 낼 뿐입니다. 과학은 현상이 해석으로 객관성이 결여된 해석은 미신으로 둔갑하게 됩니다.

관념의 문제를 숙고하던 칸트는 〈관념의 관념〉이라는 순환의 늪을 우려하여 순수이성과 물자체라는 보안책을 내놓습니다. 여기서 고유개념과 의존개념을 제대로 구분하지 못한다면 본질에 대한 환상은 철학에 미로를 파생시킬 뿐입니다. 철학은 가치의 각성을 뜻하는데, 실재성이 불투명한 가치는 종교로 탈바꿈하게 됩니다.

집합의 문제를 탐구하던 프레게는 〈집합의 집합〉이라는 순환 논리의 함정을 염려하여 포섭과 종속이라는 대비책을 내놓습니다. 여기서 규범성이란 단지 규약의 문제임을 간과한다면 진리에 대한 유혹은 수학에서 미로만을 보여 줄 뿐입니다. 수학은 순서의 예술로 규범성이 증발한 순서는 유희에 지나지 않게 됩니다.

의미의 문제로 고민하던 비트겐슈타인은 〈의미의 의미〉라는 순환 증후군에 대해 형식과 내용의 구분이라는 처방으로 대처합니다. 여기서 언어의 몰이해로 인한 의식과 마음의 혼동은 인간으로 하여금 계속 마음의 미로를 벗어나지 못하게 합니다. 마음은 언어로 이루어지는 지각인 바 언어가 배제된 인식은 본능으로 환원되고 맙니다.

흡사 제 꼬리를 먹어 들어가는 우로보로스라는 뱀을 닮은 파라독스는 자연에서 비롯되는 인과관계와 인간에서 비롯되는 가상의 인과관계인 명제관계라는 상관관계의 두 얼굴을 구별하지 못해 야기되는 문제로, 언어를 기반으로 하는 인간의 인지 기제의 맹점에서 기인하는 사건입니다.

제1장에서는 상관관계의 두 얼굴에 대해 살펴보겠습니다. 먼저 자연에서 일어나는 인과관계의 핵심을 이루는 수동성과 능동성에 대해 과학적 측면에서 살펴본 뒤 인간의 사고에 두 축을 이루는 인과관계와 명제관계에 관해 철학적 측면에서 실펴보겠습니다.

제2장에서는 상관관계의 두 얼굴 중 인과관계에 관련된 동물의 삶을 디자이너 없는 디자인이라는 관점에서 살펴보겠습니다. 먼저 진화라는 시간여행을 살펴보고, 정보를 처리함으로써 동물의 삶에 바탕을 이루는 의식을 살펴본 뒤 인과관계를 탐구하는 과학에 대해 살펴보겠습니다.

제3장에서는 상관관계의 두 얼굴 중 명제관계와 관련된 인간의 삶을 가상현실의 신화라는 입장에서 살펴보겠습니다. 먼저 인간의 사고에 기반이 되는 언어가 구축하는 가상공간에 대해 살펴보고, 가상공간인 위상공간에 가상현실을 창조함으로써 인간의 삶에 바탕을 이루는 마음의 참모습을 살펴본 뒤 명제관계를 탐구하는 철학에 관해 살펴보겠습니다.

끝으로 제4장에서는 인간의 인지 기제의 맹점에서 비롯되는 이른바 '파라독스'라고 이름 붙여진 문제를 살펴보겠습니다. 먼저 관찰에 관한 탐구인데도 관찰을 무시하는 상대론의 문제점과 진정한 의미를 살펴보고, 양자론의 재해석과 함께 변화가 일어남으로써 비로소 시간이 흐른다는 문제를 엔트로피와 관련해서 살펴본 뒤 무한과 집합에 관련된 수학의 파라독스들을 살펴보겠습니다.

****

골동품의 가치는 장인의 솜씨가 아니라 시간의 손길이 정하는 문제라면서 카니차의 4각형 말고 네 개의 원호에 집중하라고 조언하는 아내 이정숙에게 일찍이 헌정을 약속한 이 에세이는 인간의 인지적 맹점을 〈러셀의 우주찻잔〉에 빗대어 풀어내는 이야기입니다. 또한, 끊임없이 현재진행형으로 펼쳐지는 세상을 탐험하는 사랑하는 손녀 '엉뚱한 나라의 주세린'과 또래 탐험가들의 길잡이를 위한 글이기도 합니다.

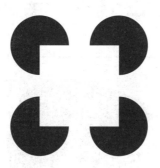

모든 본성을 설명하기란,
누구에게나 또는 어느 시대에도
너무 어려운 과제다.
약간의 확실성으로 설명하고,
나머지는 당신 다음에 오는 다른 사람들에게
남겨 두는 편이 나을 것이다.

- 아이작 뉴턴

우주를 맴도는 쥐의 잔셀도러찾

제1장

상관관계의 두 얼굴

1. 수동성과 능동성

> 우리 집 조화造花가 죽었다.
> 물을 주는 척하지 않아서.
>
> – 미치 헤드버그

** 시간의 둑

강물에 떨어진 나뭇잎은 하나도 힘들이지 않고 강물을 따라 흘러 내려 가는데 강물 속 연어들은 산란을 위해 한사코 힘들게 강물을 거스릅니다. 이렇듯 자연을 거스르는 생명의 본질은 능동성입니다. 능동성은 스스로 대사를 일으키는 자발 대사를 의미하는데, 자발 대사는 물질대사와 정보대사로 이루어집니다. 생명은 능동성을 갖춘 존재인데, 문제는 능동성이 열역학 제2법칙을 거슬러서 물질대사와 정보대사가 가능하도록 만들어 준다는 사실입니다.

열역학 제2법칙은 엔트로피와 관련된 법칙인데 엔트로피는 시간 이라는 문제로 이어집니다. 그런데 시간이라는 개념은 사실 자연의 변화가 엮어내는 창발성을 표현하기 위해 인간이 고안해 낸 일종의 가상좌표로 보아야 합니다. 인간은 자연의 변화라는 현상을 이해하 기 위해 먼저 '전후'라는 개념을 설정하게 됩니다. 그리고 난 다음에 전후 사이의 간극을 '시간'이라는 개념으로 메워 넣게 됩니다.

정해진 기준으로부터 정의되는 가상 좌표인 '시각'의 개념과 달리 '시간'이라는 존재는 시각과 시각 사이의 간격, 즉 차이만을 의미합니다. 따라서 시각의 비교를 통해서만 정의될 수 있는 개념인 시간은 이미 상대적인 속성을 지니고 있다고 볼 수 있겠습니다.

활성장벽의 모형

자연의 에너지 분포는 동역학적 균형을 이루고 변화는 동역학적 균형선을 따릅니다. 동역학적 균형선을 따르는 자연의 변화는 변화 전후의 퍼텐셜에너지의 차이인 반응에너지만으로 충분하다는 생각이 들게 합니다. 그러나 실제 화학변화는 흡열 과정과 발열 과정이 수반되는 반응에너지만으로는 불가능하고 활성에너지라는 값이 추가로 필요하다고 아레니우스라는 화학자가 주상합니다.

활성에너지는 반응에너지에다 '활성 장벽'이라 부르는 문턱에너지를 더한 값을 말합니다. 여기서 자연의 평형 상태를 형성하는 퍼텐셜에너지의 그래프를 살펴보면 흡사 층계논의 언덕 형태와 닮았음을 알 수 있습니다. 이때 층계논의 물을 가두어 놓는 논둑처럼 자연의 안정된 상태를 유지하는 울타리와 같은 역할을 하는 존재가 바로 활성 장벽입니다. 마치 울타리와 같다는 활성 장벽의 의미는 〈활성 장벽의 모형〉이라는 앞 글상자의 그림에서 잘 드러납니다.

〈활성 장벽의 모형〉이라는 앞 글상자에서 양 떼는 화학변화를 일으키는 분자들을 뜻하고, 언덕의 높낮이는 퍼텐셜에너지의 상태를 그리고 울타리는 활성에너지를 나타냅니다. 이때 높은 쪽에서 낮은 쪽으로 향하는 양 떼는 활성에너지라는 작은 값만으로도 충분히 넘어가겠지만, 반대 방향으로 넘어가는 양 떼에게는 언덕의 차이만큼인 반응에너지라는 큰 에너지가 추가로 필요함을 알 수 있습니다.

시간이 흐름에 따라 결과적으로 양 떼는 높은 언덕보다는 낮은 언덕에 더 많이 모이게 될 것입니다. 이렇게 분자들이 많이 모이는 퍼텐셜에너지가 낮은 쪽을 화학에서는 더 안정된 상태라고 말합니다. 자연에서의 일반적인 변화는 에너지라는 비용이 적게 드는 퍼텐셜에너지가 낮은 쪽을 향해 진행되기 마련인데, 이런 방향으로 일어나는 현상을 일컬어 수동성이라 부른다고 보면 되겠습니다.

그렇다면 여기서 자연의 변화와 역으로 퍼텐셜에너지가 높은 쪽으로의 진행은 능동성과 관련된다고 할 수 있겠습니다. 즉 생명현상의 바탕이 되는 능동성은 자연적으로 일어나는 수동성에 비해 에너지라는 비용이 더 필요한 강제적 과정임을 알 수 있습니다. 이것이 바로 생명체에게 지속해서 에너지가 필요한 이유입니다. 조건에 의해 결정되는 과정이 수동성이라면 가치에 따라 선택되는 과정이 능동성입니다. 가치는 선호의 체계를 뜻합니다.

화학변화를 표현하는 퍼텐셜에너지의 그래프를 보면 활성 장벽이 마치 흡열 과정과 발열 과정을 통해 상쇄되어 사라지는 에너지에 불과한 것처럼 표현되고 있음을 보게 됩니다. 그런데 이렇게 보이는 활성 장벽의 언덕 모형은 활성 장벽의 존재 자체에 대해 의문이 일게 합니다. 사실 활성에너지와 반응에너지의 차이인 활성 장벽은 실제 화학반응에서 있으나 마나 한 투명 장벽이 아니라 변화에 저항하는 열역학적 마찰의 개념으로 이해할 필요가 있습니다.

어떤 계에서든 상태의 유지는 퍼텐셜이라고 부르는 속박장에 의한 것입니다. 속박장 사이에 상호작용이 일어날 때 비로소 변화가 일어나게 됩니다. 다시 말해 변화란 속박장의 상호작용을 일컫는 말로서 속박장의 상호작용에 필요한 최소 에너지가 곧 활성 장벽이라고 이해해야 합니다. 따라서 활성 장벽은 변화에 저항하는 보편적 마찰의 의미로 해석함이 타당해 보입니다.

여기서 열역학적 마찰의 의미를 갖는 활성 장벽은 〈메타마찰〉이라는 새로운 개념으로 이해해야 하고 또한, 자연의 변화는 메타마찰의 극복 현상으로 새겨야 합니다. 이때 메타마찰의 극복 과정에서 남겨지는 비가역적 흔적이 엔트로피로 풀이될 수 있겠습니다. 자연의 변화가 엮어내는 창발성인 시간은 이러한 엔트로피에 대한 은유로 보아야 합니다. 이렇게 볼 때 메타마찰이야말로 변화의 숨은 주인공으로 시간의 생성을 주관하는 '시간의 둑'인 셈입니다.

•• 생명의 물리학은 가능한가?

생명은 능동성을 갖춘 존재라고 정의했습니다만 여기서 능동성은 자발 대사를 통해 시간을 창조하는 능력을 뜻한다고 볼 수 있습니다. 즉 생명 자체가 시간인 셈입니다. 이렇게 생명체야말로 시간을 만들어 내는 존재라는 점을 생각해 볼 때 진정으로 시간이 필요한 분야는 물리학이 아니라 생물학입니다.

인간의 인지 기제 속 사건들에서는 시각이라는 개념이 중요한 의미가 있습니다만, 자연에서 일어나는 사건들에는 시각이라는 개념이 필요치 않습니다. 특히 생물학이 다루는 사건들에는 시각이 아니라 시간의 개념이 중요합니다. 한편 물리학에서는 시간이라는 개념조차도 그리 심각한 존재가 아닐는지 모릅니다. 왜냐하면, 물리학에서 시간은 하나의 가상 좌표일 뿐이기 때문입니다.

생물학에서 일어나는 사건들은 모두 생명이라는 현상에 관여하게 되는데 이때 생명에 필요한 변화를 이루는 각 단계가 제때에 때맞춰 일어나지 않는다면 생명 자체가 이어지지 않는 결과를 낳게 될 것입니다. 따라서 생물학의 사건들에서는 시간이라는 간격의 개념이 매우 중요한 의미가 있게 됨을 알 수 있습니다. 그러나 생물학에서의 사건들은 단계별 변화에 있어 변화의 연결에 필요한 간격인 시간이 중요한 의미가 있을 뿐 특정한 시점으로부터 누적된 개념인 시각은 별로 중요하지 않습니다.

특히 인간의 인지 기제는 일반 동물의 경우와는 전혀 다르게 진화합니다. 인간은 언어를 사용함으로써 니체의 말처럼 동물과 달리 '순간의 말뚝'에서 놓여났기 때문입니다. 즉 인간은 언어로 인해 지각의 시공간적 지평이 무한으로 확장되었고, 확장된 지각은 인간으로 하여금 사건들을 특정 시점을 기준으로 누적시켜 바라보고 정리하는 것이 가능하게끔 만들어 줍니다. 다시 말해 인간은 절대적 관점에서의 작업이 가능해졌고, 이렇게 시간의 누적이 가능해짐으로 인해 시각의 개념이 중요한 의미를 갖게 된 것입니다.

생명이라는 현상을 이해하기 위해서는 먼저 생명을 이루는 물질의 이해가 선행되어야 할 것입니다. 여기서 물질의 기본을 이루는 원자의 구성은 물리학에 의해서 그리고 원자들의 모임을 통해 속성을 갖는 분자의 출현은 화학을 통해서 이해가 가능합니다.

흩어져 있던 원자들이 한데 모임에 따라 〈공명진동〉이라는 현상을 통해 분자가 형성되기에 이릅니다. 이때 원자들로 이루어진 분자들은 그 구성 원자들이 갖지 못한 새로운 속성을 창발성으로 갖게 됩니다. 이렇게 새로운 물리적 특성을 갖춘 다양한 분자들이야말로 세상을 이루는 기본 단위들입니다.

분자의 규모가 점차 커짐에 따라 이른바 단백질이라 부르는 거대 분자가 출현하게 됩니다. 그리고 거대 분자인 단백질 중 특정한 종류는 적절한 에너지가 계속 공급될 경우 전체 규모로 지속하는 독특한 연속 진동을 일으키게 됩니다. 즉 단백질의 진동은 준개방 경계조건을 만족함으로써 물리적 간섭현상을 통해 마침내 개방형 정상상태를 이루는 〈공조진동〉을 완성하게 됩니다.

공조진동은 결맞은 형태의 연속 진동회로가 형성되는 현상입니다. 이렇게 특정 단백질에 나타난 준개방 경계조건을 만족하는 지속적인 공조진동이 바로 생명이라고 부르는 창발성인 것입니다. 생명이라는 창발성이 구현된 공조진동회로는 이어서 기능적인 의미의 지각회로를 생성하고 서서히 물질대사와 정보대사라는 능동성을 갖춘 형태로 진화의 길을 밟아 나가게 됩니다.

진화의 초기에 생명체는 물리적 단순 자극에 대한 기초적 자극 처리 기제인 국소적 대응 기제를 갖추게 됩니다. 국소적 대응 기제는 이어서 개체 전체의 전역적 대응 기제인 자극 변별기전과 자극 공유 기전을 갖추는 방향으로 진화가 진행되었을 것입니다. 물론 초기의 전역적 자극 처리 기제는 일반 동물의 경우처럼 단순 자극에 대응하는 기본 자극 처리 기제였을 것입니다.

이러한 기본 자극 처리 기제는 마침내 인간의 경우처럼 언어라는 고차의 복합 자극에 대응하는 고급 자극 처리 기제로 진화하게 됩니다. 그리고 복합 구성을 가진 생명체는 전체가 하나의 개체로서 먹이를 찾고 위험을 피하는 등 효율적인 생존을 위해 갖추게 된 의식에 언어가 보태지면서 비로소 마음이라는 이름을 갖는 전혀 차원이 다른 존재가 탄생하게 됩니다.

> 잘못된 철학이 대개 그렇듯이 인류세 세계관도 대체로 좋은 의도와 무지가 결합하여 나온 산물이다.
>
> – 에드워드 윌슨

20세기 초반에 슈뢰딩거 방정식을 발표함으로써 양자물리학의 정립에 결정적으로 기여한 슈뢰딩거라는 물리학자가 1943년에 「생명이란 무엇인가?」라는 제목의 강연을 합니다. 그는 이 강연에서 유기체에도 물리법칙이 필요하다고 주장하면서 물리법칙은 원자들의 통계적 행동에 의존한다고 이야기합니다.

슈뢰딩거는 그의 강연에서 "유전자는 왜 변하지 않으며, 어떻게 복제될 수 있는가?"라는 문제에 대해 "비주기적 결정은 열운동의 무질서를 벗어난다."라고 말하면서 생명의 유전에는 이렇게 결정구조를 갖는 비주기적 고체가 핵심 역할을 할 것이라고 주장합니다. 훗날 유전물질인 DNA를 발견함으로써 노벨상을 받게 되는 크릭은 이러한 슈뢰딩거의 주장이 그의 연구에 중요한 계기가 되었다고 이야기합니다.

슈뢰딩거는 또한 "생명체는 어떻게 그 자체가 붕괴되려는 경향에 맞서는가?"라는 문제와 관련해서 상온에서의 분자의 안정성 문제는 양자물리학에 의해 설명이 가능하다고 주장합니다. 그는 이 강연에서 생명체는 환경으로부터 질서를 추출함으로써 존속이 가능하며 평형 상태로의 파멸을 벗어난다고 설명하면서 그 유명한 〈음의 엔트로피〉 개념을 제안합니다.

20세기 최고의 진화 생물학자로 불릴 만큼 현대의 진화적 종합의 선구자 역할을 한 에른스트 마이어의 말을 들어봅니다. "몇몇 손꼽히는 철학자들은 생물학에는 물리학의 법칙 같은 것이 아예 없다고 말해왔고, 나도 그 말에 동의합니다." 그의 설명은 다음과 같이 이어집니다. "무언가를 법칙이라고 하려면 예외가 전혀 없어야 해요. 법칙은 시간과 공간을 초월해야 하고, 따라서 특정한 것이 될 수 없어요. 하지만 생물학에서 모든 일반적인 진리는 특정적이에요. 생물학 '법칙'은 생물 세계의 특정한 영역이나 어떤 국지적인 상황에만 적용되고, 시간적으로도 제한되어 있습니다. 따라서 생물학에는 법칙이라는 것이 없다고 말할 수 있겠지요."

「생명이란 무엇인가?」라는 강연에서 슈뢰딩거는 "우리는 기존의 질서가 스스로를 유지하고 또 질서정연한 사건들을 만들어 내는 능력을 보여주는 현상을 목격합니다. … 물리학자에게는 이러한 사태가 전례가 없는 일이라서 있음 직하지 않을 뿐만 아니라 또한 가장 흥미롭기도 합니다."라고 고백합니다. 생명을 규정짓는 복잡한 경계조건 외에도 '활성 장벽'을 역으로 넘기 위해 큰 에너지가 필요한 생명현상이 가치에 따라 선택되는 능동성의 과정임을 생각해 보면 생물학은 조건에 의해 결정되어 자연적으로 일어나는 수동성을 다루는 물리학과 같은 자연과학의 범위를 넘어선다는 느낌이 듭니다.

> 살아 있는 존재를 알고자 하는 사람이라면 우선 그 정신을 빼내 보려 하는데, 그때 그의 손에 들려 있는 파편들로는 이 존재의 통일적 연결을 놓치게 된다.
>
> – 괴테

°° 생명은 집합명사

자연에서 관찰되는 속성은 분자구조에서 비롯됩니다. 분자는 구성 원소인 원자들이 결합된 상태입니다. 이때 원자들의 집합인 분자는 결합이라는 과정을 통해 구성 원자들이 갖지 못하는 새로운 속성을 나타내 보이는데, 이를 일컬어 창발성이라 합니다. 창발성이란 개념은 부분의 합으로 이루어진 전체가 부분의 합 이상의 값을 추가로 나타내 보이는 성질을 말합니다. 동일한 원자들을 성분으로 갖는다 하더라도 배열 방식의 차이에 따라 각각의 분자는 서로 다른 창발성을 보이게 되는데 생명현상이 창발성의 좋은 예입니다.

창발성의 다른 예로는 차갑고 뜨거움을 나타내는 온도가 있습니다. 미시적인 세계에는 원자들의 운동에너지만이 존재할 뿐 온도라는 개념은 존재하지 않습니다. 하지만 거시적인 세계에서는 원자들의 운동에너지가 평균됨으로써 온도라는 개념이 탄생하게 됩니다. 즉 미시적인 세계의 무작위성이 평균됨으로써 경향성을 띠게 되고, 경향성은 법칙이라는 특성으로 나타나게 되는 것입니다.

물과 얼음의 경우를 볼까요? 물이 얼어서 얼음으로 변하는 과정을 본 적이 없는 사람이 물과 얼음이 같은 물질이라는 설명을 의심 없이 받아들일 수 있을까요? 예전에 태국의 왕국을 방문한 선교사가 겨울에 강이 얼면 걸어서 건넌다는 말을 했다가 감옥에 갇힌 일도 있었다고 합니다. 물렁물렁하고 미지근한 액체인 물의 촉감과 딱딱하고 차가운 고체인 얼음의 촉감은 서로 다른 물질이라는 확신을 주기에 충분합니다. 창발성은 경험의 산물임을 알아야 합니다.

미시적 현상과 거시적 현상은 창발성이라는 특성으로 인해 이해 방식이 달라야 하기 때문에 나누어서 바라볼 필요가 있습니다. 생명이라는 현상이 이러한 예입니다. 조건에 의해 결정되는 수동성의 세계인 무생물계와 달리 거시계인 생명체는 조건으로부터 정보를 추출함으로써 능동성이라는 창발 현상을 보이기 때문입니다.

유발 하라리라는 역사학자는 『호모 데우스』라는 저술에서 인간종은 3중의 현실 속에서 살아간다고 주장합니다. 첫 번째 현실은 나무와 강 같은 자연이라는 객관적 실재이고, 두 번째 현실은 두려움과 욕망 같은 인간의 정신이라는 주관적 실재입니다. 그리고 세 번째 현실은 돈이나 신 그리고 기업이나 국가 같은 상상의 질서인 상호주관적 실재입니다. 인간은 자신들이 역사를 만든다고 생각하지만, 역사는 허구의 그물을 중심으로 돌아간다고 그는 주장합니다.

이러한 주장은 포퍼라는 철학자의 '3세계 이론'을 연상시킵니다. 포퍼는 세계가 적어도 존재론적으로 구분되는 세 개의 하위-세계들로 구성되어 있다고 주장합니다. 첫 번째인 '세계-1'은 물리적 세계이고, 두 번째인 '세계-2'는 정신적 세계입니다. 그리고 세 번째인 '세계-3'은 객관적 의미에서 관념의 세계로 사유 대상의 세계입니다.

포퍼는 지식의 객관성을 존재론적 실재성과 독립성에서 연역 하는 방식을 통해 주관주의와 상대주의 그리고 비합리주의를 발전적으로 해소해 버리고자 하는 시도를 했는데 이것이 그의 '3세계 이론'입니다. 이 주장에서 세 세계는 앞의 두 세계가 상호작용하고, 뒤의 두 세계가 상호작용하도록 관련되어 있습니다. 지식에 기반을 둔 포퍼의 '3세계 이론'은 각 세계 간의 독립성이 약화됨에 따라 유물론이나 관념론 또는 데카르트의 심신이원론 등으로 환원이 가능해지는데 과연 이들이 얼마만큼 독립적인가 하는 의문이 남습니다.

한편 과학학과 관련해서 연결망 이론을 주장하는 라투르라는 인문학자 또한 그의 저술에서 세계를 나타내는 세 개의 범주를 보여주고 있습니다. 첫째는 '저기-바깥'에 위치한 자연이라는 존재이고, 둘째는 '저기-안쪽'에 위치한 정신이라는 존재입니다. 그리고 셋째는 '저기-아래'에 위치한 사회라는 존재입니다.

왜 인문학자들은 세계를 하나가 아니라 세 수준으로 분류해서 바라보고자 하는 것일까요? 그것은 실재로서 간주되는 현상계라는 자연의 속성이 통일된 모습으로 보이는 게 아니라 물리계와 생리계 그리고 심리계의 세 가지 양상으로 보이기 때문일 것입니다. 특히 인간의 경우 동기와 행위의 관계인 심신 인과가 인과관계를 벗어난 특이성을 보임으로써 마치 별개의 세계처럼 보인다는 것입니다.

이러한 심신 인과의 특이성은 인간이라는 존재가 진화 과정에서 외부로부터의 감각 통로가 닫힌 상태에서도 자극 생성이 가능하도록 진화했기 때문입니다. 즉 인간은 언어를 이용함으로써 가상현실을 구축하고 그로부터 가상자극을 생성해 낼 수 있기 때문입니다.

가상자극은 생체내의 {자극:반응} 사슬에 중간 진입함으로써 실제 반응의 유도가 가능케 합니다. 인간의 경우 정보의 유용성에는 실제 현실에 바탕을 두는 구문론적 타당성이라는 형식의 문제 외에도 가상현실에서 비롯되는 의미론적 진리성이라는 내용의 문제도 포함된다고 보아야 합니다.

일찍이 플라톤은 정신을 국가에 비유한 적이 있습니다. 그런데 국가란 무엇일까요? 국가는 국민과 영토 그리고 주권의 세 요소로 이루어진다고 말합니다. 이 중 영토는 공간적으로 명확하게 정의되므로 말썽의 소지가 없어 보이시만 국민과 주권이라는 요소는 명확히게 정의 내리기가 쉽지 않아 보입니다.

흔히 국가의 주인은 국민이라고 합니다. 그런데 국가의 주인이라는 국민은 과연 누구를 가리키는 것일까요? 개인은 분명히 국민에 속합니다. 그렇다면 개인이 국가의 중대사를 결정할 수 있을까요? 글쎄요, 그 개인이 "짐이 곧 국가다."라고 주장하는 왕이나 독재자라면 얘기가 달라지겠지만, 일반적으로는 개인이 국가의 중대사를 결정하는 일은 있을 수 없겠지요.

만일 데카르트에게 국가의 요소를 인간의 경우에 비유해서 말해 보라고 청했다면 아마도 그는 영토에 해당하는 것이 신체요, 국민에 해당하는 것이 정신이고 주권에 해당하는 것이 올바른 정신이라고 답했으리라 추측해 봅니다. 그런데 정신은 국민보다는 오히려 주권에 견주고 무의식을 국민에 견주어 보는 게 더 타당할 듯싶습니다.

한 왕국이 이웃 나라와 전쟁을 할지 말지 결정해야 할 중대한 상황에 처했습니다. 이때 지방에서 교통사고가 났는데 처벌 수위를 결정해 달라는 보고가 왕에게 올라왔습니다. 왕이 기꺼이 전쟁에 관한 일을 제쳐놓고 교통사고의 처벌 수위를 결정하려고 할까요? 국가가 원활하게 운영되기 위해서는 어쩔 수 없이 결정해야 할 사안에 따라 결정권을 분산시킬 수밖에 없습니다. 그래서 국가라는 개념은 여러 부분으로 이루어진 집합명사로 보아야 합니다.

일부 뇌신경과학자가 '나'라는 개념이 착각에 불과하다고 주장합니다. '나'는 비록 제한적이기는 하지만 착각이 아닙니다. '나'라는 존재는 지각의 집합입니다. 몸이라는 국가의 최고 결정권자인 '나'로 하여금 좀 더 중대한 결정에 집중할 수 있도록 뇌는 무의식적 추론을 '나'로부터 감춤으로써 편의를 봐주고 있는 것입니다. 이러한 편의가 마치 뇌가 우리를 속이고 있는 것처럼 보일 뿐입니다.

　　점심을 먹고 식당에서 나와 길을 건너려는데 맞은편에서 차가 튀어나옵니다. 어느 쪽으로 피해야 할지 순간적으로 판단을 내려야 하는 급박한 순간에 갑자기 위장에서 소화액을 분비해도 좋으냐고 연락이 옵니다. 이렇게 '나'의 몸 안에서 일어나는 일을 매 순간 '나'가 일일이 결정해야 한다면 '나'는 생명의 위협에 직면하게 될 것이고, 결국 '나'의 생존은 불가능한 과제가 되고 말 것입니다. 생명이 집합 명사이고, 분업이 필요한 이유가 바로 여기에 있습니다.

> 지구라는 우주선에 승객은 없다.
> 우리 모두는 승무원이다.
>
> 　　　　　　　　　　　　　　　　　　　- 마셜 맥루한

2. 인과관계와 명제관계

> 만약 어떤 사람이 가설의 단순한 가능성으로부터 사물의 진리를 추측해
> 낸다면, 과학에서 확실성이 어떻게 결정될 수 있는지를 나는 알지 못한다.
> 왜냐하면, 가설을 차례로 생각해 내는 것은 항상 가능하기 때문이다. 그런
> 데 이 가설은 새로운 어려움을 낳는다.
>
> – 뉴턴

** 인간은 진화의 별종

개미들이 개미집 입구에 모래 둑을 쌓는 걸 보니 곧 큰 비가 오려
나 봅니다. 생물의 진화는 '반응의 형성'이라는 원시 단계에서 출발
하여 큰비에 앞서 둑을 준비하듯이 '순서의 기억'이라는 동물 단계에
이르면서 완결된 듯이 보입니다. 즉 생명체는 시간의 앞과 뒤에 일어
나는 사건을 연결시켜 순서라는 상관관계로 인지함으로써 생존에 활
용합니다. 우리가 신경의 반사작용이라 부르는 현상은 진화 과정에
서 습득된 상관관계의 각인으로 보아야 할 것입니다.

그러다 돌연 시간의 앞뒤 문제인 전후성 상관관계를 원인과 결과,
즉 인과관계라는 새로운 틀로서 인지하는 인간종이라는 진화의 별
종이 진화의 끝자락에 불쑥 튀어나옵니다. 그래도 여기까지는 시간
을 축으로 이루어지는 상관관계를 벗어나지 않기 때문에 이른바 과
학이라는 이름 아래 풀이가 가능해 보입니다. 인과관계는 동일한 원

인은 동일한 결과를 낳는다는 설명입니다.

그런데 이렇게 진화의 끝자락에 나타난 인간종은 전후성이라는 인과적 상관관계를 넘어서 선후성이라는 선택적 상관관계를 새롭게 인지하고 생활화하게 됩니다. 전후성 인과관계가 사실에 기초하는 물리적 인과관계인 반면 선후성 인과관계는 가치에 기초하는 이른바 심리적 인과관계입니다. 선후성 상관관계는 필연적 인과관계와 흡사해 보이지만, 더 이상 동일한 원인이 동일한 결과를 낳지 않는 선택적 과정입니다. 이로써 {원인:결과}라는 인과관계만으로는 인간종의 거동에 대한 설명이 불가능하게 됩니다.

이렇듯 인간종은 조건이 기반인 물리적 인과관계를 벗어나 정보가 기반인 심리적 상관관계를 생활화함으로써 마침내 과학이라는 테두리마저도 무너뜨리게 됩니다. 선후성 상관관계는 {이유:귀결}이라는 관계에서 비롯되는 사건인바 바로 가치의 문제로 선택적 과정입니다. 가치의 문제인 선후성 상관관계의 뿌리에는 의미의 문제가 놓여 있습니다. 여기서 선후성 상관관계의 주역인 '이유'는 '원인' 그 자체가 아니라 '원인 제공자'라는 점에 유의해야 합니다.

이 모든 사건은 언어에서 비롯됩니다. 하지만 언어를 에드워드 윌슨처럼 페로몬 정도의 수준으로 파악한다면 인간에 대한 올바른 이해는 불가능합니다. 페로몬은 생물학적으로 유전되는 자연종인 반면 언어는 문화적으로 전승되는 인공종이기 때문입니다. 따라서 자연종인 전후성 상관관계를 묻는 '왜'와 인공종인 선후성 상관관계를 묻는 '왜'를 구별하지 못한다면 인간은 '흄의 덫'에 걸린 채 영원히 미로를 헤매게 될 것입니다.

 "인간이란 무엇인가?"라는 질문은 인간이라면 누구나 한 번쯤 생각해 봤을 만한 질문인데, 지구상에서 자신의 정체성에 대해 고민할 줄 아는 유일한 생물종인 인간은 끊임없이 자신에 관한 탐구를 이어 왔습니다. 앞서 질문은 결국 자연의 일부인 우리의 정체성에 대한 궁금증의 표현인데, 자신을 알기 위해서는 먼저 자연이 무엇인지 알아야 한다는 문제가 생깁니다. 밀J.S.Mill이라는 철학자는 '자연'이라는 단어에 대해 다음과 같이 이야기합니다. "첫째로 자연이란 존재하는 모든 것들에 대한 집합명사이다. 둘째로 그것은 인간의 개입 없이 그 자체로 존재하는 모든 것들의 이름이다."

 인간의 생활을 들여다보면 자연으로부터 주어진 것들로만 이루어져 있는 것이 아니라 우리 자신이 스스로 만들어 낸 것들도 함께 뒤섞여 있는 상태임을 알 수 있습니다. 그렇다면 우선 무엇이 자연으로부터 받은 것이고, 무엇이 우리 스스로 만들어 낸 것인지에 대한 구분이 필요해집니다.

 창밖의 나무에 앉아있던 파란 새가 날아갑니다. 방금 날아간 새는 인간과 무관하게 자연에 존재하는 것입니다. 이렇게 인간과 무관하게 자연에서 비롯되는 존재를 자연종이라 부를 수 있겠습니다. 다시 말해 새가 앉아 있던 창밖의 나무는 자연종이지만, 인간이 나무로 만든 집은 자연종이 아니라고 보아야 할 것입니다. 자연종이 조건을 기반으로 하는 자연적 상관관계를 따르는 반면 인공종은 정보를 기반으로 하는 심리적 상관관계를 따릅니다.

 자연종과 관련해서 인간 또한 자연의 일부이므로 당연히 우리의 상황을 자연에 맞추어 살펴야 한다는 주장을 자연주의라고 부릅니다. 자연주의는 세계가 직접 관찰 가능한 자연적 대상들로 이루어져 있으며, 인과적 질서 안에 있다는 주장입니다. '파란 새'라는 표현 속의 '새'라는 존재는 자연에 있었지만, '파란색'이라는 존재는 원래부터 자연에 있었던 것이 아니라 인간이 지어낸 존재라고 자연주의는 주장합니다. 즉 '색깔'이라는 것은 자연종이 아니라 인간이 만들어 낸 인공종이라는 주장으로 자연주의는 모든 개념을 자연화 해야 하며 자연화가 불가능한 개념은 폐기해야 한다고까지 주장합니다.

자연주의는 존재하는 대상이나 발생하는 사건이 무엇이든 자연에서 비롯되는 것이므로 자연과학으로 설명할 수 있으며, 특히 인간이 사용하는 언어는 자연으로의 {1:1} 투사가 가능해야 한다는 생각을 품고 있습니다. 그리고 이러한 생각은 과학과 철학의 탐구 방법이나 목표가 본질적으로 구별되지 않는다는 주장으로 이어지게 됩니다. 그러나 자세히 들여다보면 과학이 전후성 상관관계에 매이는 반면 철학은 선후성 상관관계를 따짐을 알 수 있습니다.

우리가 서로 이야기를 나누다 보면 과연 같은 뜻으로 이야기하고 있는지 의문이 들 때가 있습니다. 여기서 객관성의 필요라는 문제가 생깁니다. 전후성 상관관계에서 나타나는 자연적 객관성과 선후성 상관관계에서 나타나는 개념적 객관성의 구분이 필요해 보입니다만 어쨌든 우리는 객관성이라는 이름 아래 자연을 인간과 무관하게 떼어 놓고 보려는 경향을 보이면서 종종 우리가 자연의 일부라는 사실을 잊곤 합니다.

그런가 하면 우리는 자연의 일부로서 결코 자연을 넘어설 수 없다는 인간의 한계에 대한 경고도 또한 알고 있습니다. 괴델의 불완전성 원리와 하이젠베르크의 불확정성원리가 좋은 예입니다. 자연의 일부로 존재하는 한 결코 자연을 넘어선 관점으로 자연을 바라볼 수 없다는 사실을 수학적으로 보인 것이 불완전성 원리라면 자연과의 접촉에는 도구가 필요한 법인데, 도구에 의한 교란으로 인해 자연에 대한 완벽한 이해가 불가능하다는 사실을 과학적으로 나타낸 것이 불확정성원리입니다.

** 흄의 덫

이윽고 자연과학이 발달하면서 인간과 자연의 관계는 그 방향을 바꾸게 됩니다. 즉 고대 그리스 시대에는 인간으로부터 자연으로 향했던 질서의 이해 방향이 갈릴레오와 뉴턴을 거치면서 자연에서 인간 쪽으로 바뀌게 됩니다. 특히 뉴턴이 고안해 낸 수학적 해석이라는 방법론은 인간의 인식에 객관적 이해라는 개념을 불어 넣으면서 인간의 사고에 근본적인 혁명을 일으키게 됩니다.

그런데 이렇듯 중요한 과학의 발아 시기에 흄이라는 철학자가 과학의 바탕이라고 할 수 있는 인과성의 관계에 의문을 제기합니다. 흄은 인과성이란 단지 시공간적으로 인접한 사건들에 대한 하나의 관습에 불과하다면서 기존의 인과관계에 대해 주관성을 주장합니다. 이렇게 인과성의 제동으로 인해 '흄의 덫'이 마련되고, 인과성을 부정하는 흄의 회의주의 선언에 놀란 칸트는 독단의 잠에서 깨어나 철학을 수호하기 위한 준비를 시작합니다.

인과관계라는 문제와 관련해서 월터 프리먼은 『뇌의 마음』이라는 그의 책에서 다음과 같이 흥미로운 주장을 합니다.

    📖 "인과관계의 분석이야말로 의식을 이해하는 데 꼭 필요한 단계이다. 그 이유는 우리의 대답이 우리가 '원인'으로 돌리는 세 가지 의미 가운데 어느 것을 선택하느냐에 달려 있기 때문이다. 첫 번째 의미는 하나의 작인agency으로서 무엇인가를 만들거나 움직이거나 변조하는 것이다. … 어떤 사람이 사건을 야기하거나 세균이 질병을 일으키는 것 등이다. 이것이 '왜'이다. 나는 이 의미를 '선형적 인과관계'라고 부른다. 두 번째 의미는 설명하거나 합리화하거나 비난을 하는 것이다. … 나는 많은 물리학자와 심리학자들과 뜻을 같이하며 이 의미를 '순환적 인과관계'라고 부른다. 이것은 우리가 작인에 기대하지 않고 어떤 설명을 풀어 놓기 위하여 '왜냐하면'이라는 단어를 사용하는 것과 같은 맥락이다. 세 번째는 인과관계를 우리가 이 세상의 대상과 사건에 부여한 인간적인 특성으로 다루는 것이다. 이는 데이비드 흄이 18세기에 내린 결론이었다. 그는 자기 관점의 근거를 유명론nominalism이라 부른 철학에 두고 있었다. 추상적인 개념과 일반화는 이 세상의 특징이 아니라 인간 마음의 특징이라는 입장을 보인 철학이다. 그는 원인의 이해는 사건들이 차례차례 일어나면서 끊임없는 연속을 이룬 결과일 뿐이라고 결론을 내렸다. … 지성의 형태들은 상상으로 창조되는 것이지, 물질의 형태에 존재하는 것은 아니라는 주장이었다."

의식과 관련해서 '다중원고-모형'을 제안한 바 있는 데닛이 최근에 『박테리아에서 바하까지From Bacteria to Bach and Back: The Evolution of Minds』라는 책을 저술했습니다. 그는 이 책에서 인류가 '밈meme'을 공유하게 되면서 대변혁이 일어났다고 주장하면서 '밈'의 본질을 유전적 성격이 아닌 감염적 성격의 존재로 설명합니다. '밈'이라는 존재는 『이기적 유전자』의 저자인 도킨스가 생물학적 유전자gene에 대비시켜 주장한 문화적 유전자입니다.

이 책에서 무엇보다도 흥미로운 점은 데넷이 「이유reason의 기원에 대하여」라는 장을 마련하고는 '왜why'라는 단어가 지닌 의미의 다양성과 '원인how come'에서 '이유what for'로의 '왜why'의 진화에 대한 설명을 시도하고 있다는 것입니다. 바로 전후성 상관관계와 선후성 상관관계를 구별하는 문제입니다. 데넷이 늦게나마 '밈'을 유전적 성격이 아닌 감염적 성격의 존재로 파악했다는 것 그리고 인과율과 관련해서 원인과 이유의 관계인 전후성 상관관계와 선후성 상관관계를 구별해 보겠다고 시도한다는 것은 반가운 일이 아닐 수 없습니다. 전후성 상관관계로부터 선후성 상관관계를 분리해 냄으로써 비로소 인간의 사고는 '흄의 덫'을 벗어날 수 있게 됩니다.

2000년 11월에 한국에서 행한 다산 기념 철학 강좌의 강연에서 존 써얼이라는 철학자는 합리성이라는 개념을 이용하여 인간의 {이유:행위}의 관계에 대해 설명하려는 시도를 합니다. 써얼의 합리성 모형은 '간격 논제'를 기초로 이루어지는데, 인간의 의사 결정과 수행 사이에는 세 종류의 간격이 존재한다는 모형입니다.

써얼의 강연을 보면 이유는 원인과 다르다는 점 그래서 이유는 원인과 다른 방식으로 물리적 인과관계를 형성한다는 점을 설명하기 위해 '간격'이라는 개념을 설정했다는 것을 알 수 있습니다. 즉 인간의 의사 결정과 행위 사이에 개연성이 개입할 수 있는 기회로서의 간격을 위해 써얼은 '간격 논제'를 제안합니다.

하지만 이러한 써얼의 노력에도 불구하고 여전히 인과관계와 논리 관계의 개념만을 사용하고 있어 아직도 무언가 미진한 구석이 남아 있다는 느낌을 지울 수 없습니다. 써얼의 강연집인 『합리성의 새로운 지평』이라는 책에서 그는 '간격'을 다음과 같이 정의합니다.

> 📖 "내가 말하는 간격은 의식적 지향성의 특징이다. 일정한 행위를 귀결하는 것이 그 지향적 상태가 되기 위한 조건인 경우조차도, 이러한 간격의 특성 때문에 그 지향적 상태는 결정과 행위를 위한 인과적으로 충분한 조건으로서 경험되지 않는다. 따라서 우리의 의식 경험에 관한 한, 믿음, 욕구, 그리고 다른 이유가 한 결정(선행 의도의 형성)을 위한 인과적으로 충분한 조건들로서 경험되지 않을 때 그 간격이 발생한다. 그리고 의도적 프로젝트의 시작이 그것의 지속 또는 완성을 위한 충분조건을 결정하지 않을 때 또한 그 간격이 발생한다."

계속해서 써얼의 이야기를 들어 봅니다.

> 📖 "인과적 간격은 설명적 간격을 함축하지 않는다. 〈왜 당신은 그것을 했는가?〉라는 질문은 〈어떤 원인이 당신의 행동을 결정하기에 충분한가?〉를 묻지 않는다. 그 대신 〈합리적 자아로서 당신은 어

떤 이유에 작용하는가?〉를 묻는다. 그리고 그 질문에 대한 대답은 어떻게 그 행위가 한 자연적 사건으로서 선행 원인이 주어졌을 때 불가피했는가를 보여줌에 의해서가 아니라, 어떻게 한 합리적 자아가 그 간격 속에서 활동하는가를 보여줌에 의해서 설명한다. 비트겐슈타인의 어조로 말한다면, 이것은 행위를 설명하는 언어 게임이 행해지는 방식이며, 고전 역학적 설명의 언어 게임 규칙에 의해서 행해져야만 한다고 가정해서는 안 된다. 이유를 제시함으로써 행위를 설명하는 언어 게임이 다른 이유는, 이 언어에서 사용되는 진술들이 기록하는 실제 사실들은 일상적, 인과적 진술들과는 다른 논리적 형식들을 갖고 있기 때문이다."

한편 뒤에 삽입한 백도형이라는 철학자의 『심신문제』라는 책의 인용에서 보듯이 행위론에서 제기되는 이유와 원인의 관계에 대해 '합리성'에 기초해서 언급하고 있는 내용을 앞서 얘기한 써얼의 견해와 비교해 보는 것도 흥미롭습니다.

📖 "일반적으로 행위론에서는 행위의 이유reason와 행위의 원인cause을 서로 구별한다. 원인은 행위를 물리적인 측면에서 이해할 때, 즉 행위를 신체 동작bodily movements의 관점에서 볼 경우에 행위를 물리적으로 야기시킨caused 것으로서의 원인을 말한다. 반면에 이유는 행위를 단순히 신체 동작의 측면만이 아니라 정신적인 것으로 이해할 경우에 행위자가 그 행위를 하게 된 것으로서의 이유를 말한다. 그리고 아리스토텔레스 이래 지금까지도 대체로 행위자가 가진 바람(또는 욕구desire)과 믿음belief을 바로 행위의 이유라고 보는 것이 상식으로 여겨

졌다. 그래서 원인에 대한 행위 설명은 글자 그대로 인과적 설명이므로 헴펠식의 법칙적 모형 설명이 적용될 수 있지만, 이유에 의한 설명은 '합리적 설명rational explanation' 혹은 '합리화rationalization'라고 불리며, 특히 방법론적 이원론자들은 이러한 합리적 설명이 인과적 설명과 다르며 헴펠의 모형을 그대로 적용할 수 없다고 주장한다. 즉 이원론자들은 행위의 이유와 원인을 구별해 서로 다른 차원의 것으로 주장하는 데 반해, 일원론자들은 원인 이외에 이유의 존재를 부인하거나 이유를 원인에 환원될 수 있는 것으로 본다. 행위론에서는 방법론적 일원론을 지향하는 입장을 '행위 인과론causal theory of action'으로, 비판하는 입장을 '반反인과론'으로 부르기도 한다."

•• 심리적 인과관계는 가상의 인과관계

중세 이후 과학이라는 이름의 깃발 아래 인과율이 위력을 발휘함에 따라 과학 만능의 시대가 열리게 됩니다. 철학 또한 이런 추세를 따라 과학화의 대열에 동참해서 객관성의 문제에 열을 올리지만 모든 철학자가 동의한 것은 아닙니다. 흄의 경우를 보면 인과율 자체를 부정하는 '흄의 덫'을 준비했고, 마침내 칸트를 독단의 잠에서 깨우게 됩니다.

데이빗슨이라는 철학자는 인과관계를 이루는 원인과 결과가 '사건'이라고 봅니다. 데이빗슨의 '사건'은 특정한 시공간을 점유하는 특수자입니다. '사건'이 존재하는 세계를 살펴보면 인과관계라는 자연적 필연성에 바탕을 둔 물리적 세계인 현실 세계 외에도 논리 관계라는 규범적 필연성에 바탕을 둔 명제의 세계인 추상 세계의 두 종류가 있음을 알 수 있습니다.

논리 관계는 인과관계의 일종일까요? 인과관계는 {A이면 B이다.} 또는 {A→B}라는 형식으로 표현할 수 있습니다. 논리 관계 또한 {A이면 B이다.} 또는 {A→B}라는 형식으로 표현됩니다. 즉 형식으로만 보아서는 인과관계와 논리 관계가 구별이 안 되는 것처럼 보입니다. 인과관계에서는 'A'를 원인이라 부르고, 'B'를 결과라 부릅니다. 한편 논리 관계에서는 'A'를 전제라 부르고, 'B'를 결론이라 부릅니다.

인과관계와 논리 관계는 모두 필연성과 관계가 있습니다. 그런데 중요한 점은 인과관계는 시간과 관련되는 내용의 진리성에 기초하는 물리적 필연성을 갖는 반면 논리 관계는 시간과 무관한 형식의 타당성에 기반을 두는 규범적 필연성을 갖는다는 점입니다. 즉 논리 관계의 필연성이란 개념은 단지 필요조건의 충족을 뜻합니다.

인과관계는 시간적 현상의 문제로 존재론적 범주의 관계인 반면 논리 관계는 무시간적 명제의 문제로 개념적 범주의 관계입니다. 앞서 얘기한 선후성 상관관계는 인과관계와 논리 관계가 결합한 제3의 상관관계임을 알 수 있습니다. 즉 선후성 상관관계는 시간적 명제의 문제로 필연성이 아니라 필요성에 의존하는 상관관계인 바 흔히 인과관계로 잘못 인식되곤 하는 가상적 인과관계입니다.

비트겐슈타인은 프로이트에 대한 강의에서 원인과 이유를 구분하지 않는 프로이트를 비판했다고 합니다. 어쨌든 상관관계의 판단은 지능을 요하는데, 지능은 자기 향상 능력을 뜻합니다. 지능은 자동 기계의 작동에서 볼 수 있는 과정상의 지능인 부사류 지능과 내용상의 지능인 명사류 지능으로 나눌 수 있겠습니다.

또한, 상관관계의 판단을 기준으로 자연과 인간 그리고 인공지능의 거동을 비교한다면 자연의 거동은 {원인:결과}라는 전후성 상관관계에 기초하고 인간의 거동은 {이유:귀결}이라는 선후성 상관관계에 기초하는 반면 인공지능의 거동은 {전제:결론}이라는 논리 관계에 기초한다고 이야기할 수 있겠습니다.

백도형은 『과학으로서의 심리학』이라는 논문에서 심리학의 과학성과 관련해서 다음과 같이 이야기합니다.

📖 "이 글에서는 바로 이 문제, 즉 심리학의 과학성에 관해서 다루겠다. 이 문제는 심리철학에서는 심신 이론, 과학철학에서는 과학관 혹은 과학과 비과학 간의 구획demarcation의 문제, 그중에서도 인과적 일반 법칙의 문제와 밀접한 관련이 있다. 여기에서는 특별히 현대 심신 이론 중 심리학의 과학성에 관해 중요한 언급을 한 바 있는 도널드 데이비슨Donald Davidson과 제리 포더Jerry Fodor의 논의를 바탕으로, 양자의 공통점과 차이점에 대한 비판을 통해 심리학의 과학성에 관해 검토해 보겠다. 그런데 하필 여기서 이 두 사람에 주목하는 데에는 몇 가지 이유가 있다. 이 둘은 심신 이론에서 소위 '비환원적 물리주의'에 속하는 대표적인 철학자들이다. 비환원적 물리수의는 일종의 약한 유물론의 입장으로, 전통적인 유물론과 반유물론 간의 대립에서 중간적인 위치를 차지할 수 있는 입장이다. 또 바로 그러한 이유 때문에 최근의 심리철학계에서 주류 입장으로 부상하여 많은 철학자에게 논의 거리를 제공하고 있

는 입장이기도 하다. … 비환원적 물리주의란 물리주의 내지 유물론을 인정하면서도 심신 간에 환원이 성립함은 부정하는 입장이다. … 그런데 비환원적 물리주의를 표방하는 이들 가운데, 이 문제를 다룬 핵심적인 철학자들이 바로 데이비슨과 포더이다. 하지만 이 문제에 관해 이들은 상반되는 입장을 보이고 있다. 둘 다 물리주의는 옹호하지만, 심신 간에 환원이 성립함은 부정함으로써 비환원적 물리주의의 입장을 공유한다. 그런데 포더가 심리학의 과학성을 인정하는 데 반해, 데이비슨은 심리학의 과학성을 부정하고 '철학으로서의 심리학'을 주장한다. … 여기서 심리학의 과학성과 관련하여 둘 간 논의의 초점이 되는 것은 정신적·심리적인 것들 간에 이루어지는 법칙인 심리 법칙이지, 정신적인 것과 물리적인 것 간에 이루어지는 심물 법칙 또는 심신 법칙이 아니라는 것이다."

데이빗슨의 물리주의에 관한 백도형의 이야기를 더 들어 봅니다.

　　　📖 "데이비슨에게 있어서 사건은 구체적인 개별자 token이다. 그것은 시·공간 내에서 자기 위치를 차지하고 있으며, 되풀이되지 않고 1회적이며, 그 수가 세어질 수 있는 개별자이다. 이런 점에서 볼 때 그에게 있어서는 사건은 외연적인 개별자이며, 거기에는 속성은 존재론적으로 전혀 개입하지 않는다. 데이비슨은 사건을 그 기술description과 구분한다. 전자가 존재 차원에 속한다면 후자는 언어 차원에 속한다고 할 수 있다. … 그리고 데이비슨에 있어서, 정신 사건과 물리 사건의 구분(모든 사건은 물리적이라고 보기 때문에 보다 엄밀히 말하자면, 정신 사건인 물리 사건과 정신 사건이 아닌 물리 사건의 구분)은 전적으로 기술에 적용

되는 언어적 기준에 의해서 이루어진다. 즉 데이비슨의 경우에는, 〈어떤 사건이 정신 사건이라는 것은 그 사건이 정신 기술mental description을 가질 때, 그리고 오직 그때에만 그러하다.〉 이렇게 데이비슨에서는 〈정신적인 것은 존재론적 범주가 아닌 개념적 범주일 뿐〉이다."

데이빗슨의 입장에서는 법칙은 다만 언어적인 것입니다. 즉 물리 법칙은 물리 술어로 구성되고, 심리 법칙은 심리 술어로 구성되며, 심신 법칙은 심리 술어와 함께 물리 술어로 구성됩니다. 그런데 그가 보기에 심리 술어란 모든 존재자에 적용하려고 만들어진 것이 아니라 인간에게만 나타나는 특성, 즉 지향성 혹은 명제 태도를 인식하게 해주는 특정한 영역에만 적용하려고 만들어진 것입니다.

한편 물리 술어가 적용될 수 있는 영역이란 심리 술어가 적용될 수 있는 특정한 영역과 그 이외의 나머지 영역을 모두 포괄하는 것입니다. 정신 인과에는 정신 사건 간에 일어나는 심리 인과뿐 아니라 정신 사건과 물리 사건 간에 발생하는 심신 인과까지도 포함되어야 합니다. 그래서 물리적인 것이 닫힌 세계를 구성하는 반면 정신적인 것은 닫힌 세계를 구성하지 못합니다.

세상은 사건으로 이루어지고 사건은 동기와 행위로 이루어집니다. 그런데 인과관계를 따르지 않는 {동기:행위}의 문제에 대해 존 써얼은 다음과 같이 말합니다. "이유를 제시함으로써 행위를 설명하는 언어 게임이 다른 이유는 이 언어에서 사용되는 진술들이 기록하는 실제 사실들은 일상적, 인과적 진술들과는 다른 논리적 형식들을 갖고 있기 때문이다." 동기와 행위라는 심리적 인과관계는 물리적 인과

관계와는 다른 가상적 인과관계라는 말입니다.

데이빗슨은 「행위, 이유, 원인」이라는 그의 논문에 대해 의도적인 행위를 그 동기나 이유를 가지고 설명하면 그것은 이유와 행위를 원인과 결과로 보지 못하게 할 것이라는 널리 받아들여진 주장에 대한 반발이었다고 술회합니다. 이 논문에서 그는 행위에 대한 목적론적 설명은 법칙이 없어도 된다는 점에서 자연과학에서 한 설명과는 다르다는 견해를 보입니다.

데이빗슨의 인간의 행위 문제에 관한 탐구는 인간의 행위에는 이유가 따르기 때문입니다. "행위는 이유를 원인으로 갖는 몸의 운동이다."라는 주장에서 알 수 있듯이 {이유:행위}의 문제를 {원인:결과}의 인과문제와 연결해 보겠다는 의도로 보입니다. 이어서 {이유:행위}의 관계가 과연 인과적 관계인가 하는 의문에 대해 살펴보는 과정에서 논리적 관계에 대한 논의가 등장하게 됩니다.

데이빗슨은 심신 인과에 관한 설명을 {이유:행위}의 관점에서 풀어갑니다. 여기서 그는 인과관계와 논리 관계의 개념을 이용합니다. 그런데 자세히 들여다보면 사실은 {이유:행위}의 관계란 것이 시간적 현상에 기초하는 인과관계와 무시간적 명제에 기초하는 논리 관계가 함께 얽혀 있는 시간적 명제의 문제로 존재론적 범주와 개념적 범주가 연결된 제3의 관계임을 알 수 있습니다.

인간은 자연의 속성인 물리적 인과를 힘의 작용이라는 입장에서 이해하고자 합니다. 그러나 인간의 속성인 심신 인과의 문제는 물리적 인과의 기초가 되는 힘의 작용으로는 풀리지 않습니다. 심신 인과는 심리적 인과의 문제인바 언어를 통해 마음이라는 존재를 창발성으로 갖추게 된 인간이 가치의 관점에서 상황의 변화를 일으킨다는 점에 주목해서 풀어야 합니다.

인과를 우주의 시멘트로 비유한 흄은 인간의 인식에서 일어나는 인과관계에 대해 회의론을 표명합니다. 그런데 흄의 인과율 부정은 어쩌면 그가 뉴턴의 물리적 인과율에 자극받아 검토해 본 결과 심리적 인과성은 진정한 인과관계로 볼 수 없다는 심리적 인과론에 대한 비판이 아니었을까 하는 생각을 해 봅니다.

이렇게 흄의 비판은 {이유:귀결}이라는 가상의 인과관계가 진정한 인과관계로 확대해석 되는 사태에 대한 경고였을지도 모릅니다만 어쨌든 선후성 상관관계인 심리적 인과론을 전후성 상관관계인 물리적 인과론으로부터 명쾌하게 구별해 내지 못한 흄은 결국 칸트를 비롯한 후대의 철학자들에게 숙제와 더불어 개념적 혼란도 함께 유산으로 남겨주고 말았다는 생각이 듭니다.

물리적 인과관계는 에너지의 유입에 따라 자연 공간에서 시간을 축으로 일어나는 두 상태의 관계를 말합니다. 이때 앞뒤의 두 상태를 원인과 결과라고 부르는데, 앞 상태로부터 연결되는 경로가 유일하므로 두 상태는 필연성으로 연결되는 관계입니다. 한편 심리적 인과관계는 가치의 설정에 따라 가상공간에서 명제를 축으로 이루어지는 두 사건의 관계를 말하는데, 앞뒤의 두 사건을 이유와 귀결이라고 부릅니다. 이때 앞뒤 사건의 연결은 여러 연결 경로 중 필요성에 따라 하나가 선택되어 연결되므로 두 사건은 필연성이 아니라 필요성에 의해 선택적으로 연결되는 가상의 인과관계입니다.

가상의 인과관계인 심리적 인과관계의 올바른 이해를 위해서는 〈명제관계〉라는 새로운 관계 개념의 설정이 필요합니다. 인과관계가 자연 공간이라는 실제 현실의 세계에서 {실제자극:실제반응}으로 이루어지는 필연적 관계인 반면 명제관계는 위상공간이라는 가상현실의 세계에서 {가상자극:실제반응}으로 이루어지는 선택적 관계입니다. 가상자극이라는 개념은 인체의 생리작용에 반응을 일으키는 실제 자극이 외부로부터 유입되는 감각 통로가 닫힌 상태에서도 실제 자극의 역할을 대행하는 기제를 뜻합니다.

시간적 명제의 문제와 관련된 가상의 인과관계인 명제관계에는 데이빗슨이 관심을 가졌던 {이유:행위}의 관계가 자연스럽게 포함됩니다. 명제관계의 중요하면서도 독특한 점은 인과관계와 달리 필연성 외에도 선택적 개연성을 갖기도 한다는 사실입니다. 즉 동일한 이유가 항상 동일한 귀결을 낳지는 않습니다.

{실제자극:실제반응}의 관계에는 '의식'이 관여하는 반면 {가상자극:실제반응}의 관계에는 '마음'이 관여합니다. 여기서 {가상자극:실제반응}이라는 기제의 개념을 제대로 이해하기 위해서는 "인간이 생각만으로 화학작용을 조절할 수 있는가?"라는 다소 엉뚱한 마술 같은 질문의 의미를 짚어 볼 필요가 있습니다.

팔을 들어 올리는 경우를 예로 들어 보겠습니다. 무엇인가 뜨거운 것이 팔에 닿아서 팔을 들어 올린다면 이 경우의 '팔을 들어 올림'

은 〈동작motion〉으로 정의됩니다. 하지만 회의에서 찬성한다는 뜻으로 팔을 들어 올린다면 이 경우의 '팔을 들어 올림'은 〈행위action〉로 정의됩니다. '동작'으로 정의되는 '팔의 들어 올림'은 {실제자극:실제 반응의} 관계인 인과관계입니다. 그러나 '행위'로 정의되는 '팔의 들어 올림'은 {가상자극:실제반응}의 관계인 명제관계입니다.

이렇게 {가상자극:실제반응}이라는 명제관계의 선택적 작용으로 인한 '팔의 들어 올림'이란 현상은 인간의 신체 내 근육에서 일어나는 화학반응에 기초한 생화학적 과정이 인간의 생각, 즉 마음이라는 기전에 의해 조절됨으로써 나타나는 산물입니다. 즉 생각만으로 화학반응을 조절하는 마술 같은 현상이 바로 행위인 것입니다.

•• 관념이라는 중매쟁이와 메타경첩원리

인간은 내용을 그 자체로는 이해하지 못하고, 중간에 반드시 형식을 통한 관계의 구조화가 필요합니다. 이것이 이른바 재인 과정입니다. 즉 인간의 감각기관으로 입력된 감각 자료는 컴파일러라는 중간 장치를 통해 개념 변환을 일으킴으로써 비로소 이해 가능한 의미를 갖는 정보라는 출력으로 바뀌게 됩니다.

일찍이 아리스토텔레스는 인간의 인식 과정에서 감각 자료가 〈판타스마phantasma〉라는 중산 자료를 서서 사유 자료로 비낀다는 주장을 폈습니다. 감각 자료와 사유 자료 사이의 매개체인 판타스마라는 중간 자료는 훗날 칸트가 현상과 범주의 매개를 위해 고안한 〈슈마schema〉라는 매개개념으로 계승됨을 볼 수 있습니다. "형상은 자기가 그려 내는 도식schema을 매개로 항상 개념과 결부되어야 하며, 형상 그 자체만으로는 결코 개념과 완전히 일치하지 않는다."라는 칸트의 진술에서 매개개념인 슈마의 의미를 파악할 수 있습니다.

판타스마나 슈마는 모두 인간이 사물을 이해하는 과정에 매개개념이 개입함을 뜻하는데, 매개개념은 개념적 확장을 통해 변화를 이해하는 유용한 수단입니다. 특히 언어의 컴파일이라는 심리적 과정은 언어의 입력과 의미의 출력 사이에 관념이 매개개념으로 작용함으로써 이루어지므로 관념이라는 매개개념은 언어의 의미를 해독하는 과정에서 중요한 역할을 합니다.

인간의 뇌는 자연에서 들어오는 감각 신호를 단순히 연산 처리하는 기능 외에도 음성신호를 컴파일함으로써 정보화할 수 있는 기능을 추가로 갖추고 있습니다. 그리고 이러한 언어의 컴파일이라는 심리적 과정에 매개개념이 작용하고 있습니다. 즉 인간은 인지 과정의 마지막 단계인 언어의 컴파일 과정에서 관념이라는 매개개념을 이용함으로써 모든 동물이 갖추고 있는 의식 외에도 마음이라는 독특한 기능을 별도로 갖게 됩니다.

마음이라는 기능은 오직 인간에게만 존재하는 특이한 기능으로 인간은 마음이라는 독특한 기능을 이용함으로써 단순한 소리의 형태인 음성신호를 유용한 2차 정보로 컴파일할 수 있는 능력을 갖추게 됩니다. 즉 인간은 언어적 심상을 매개개념으로 이용함으로써 음성이라는 입력을 정보라는 출력으로 바꾸는 상변환을 가능하게 합니다. 이때 매개개념으로 이용되는 언어적 심상이 바로 관념인데, 관념이라는 존재는 일종의 중매쟁이인 셈입니다.

> 관념이란 무엇인가?
> 그것은 우리 뇌에 그려지는 하나의 이미지다.
>
> ―볼테르

시작과 끝으로 이루어지는 모든 상태의 변화는 반응의 개념인바 입력과 출력의 형태로 표현됩니다. 이때 입력과 출력의 사이에는 '과정'이라는 매개개념의 단계가 존재하기 마련입니다. 다시 말해 과정은 입력과 출력을 이어주는 경첩과도 같은 역할을 합니다. 그런데 여기서 말하는 경첩은 추상적인 경첩이므로 〈메타경첩〉이라는 이름이 적합해 보입니다.

이렇게 반응이라는 현상은 메타경첩이라는 고리를 이용함으로써 이해가 쉬워집니다. 즉 "모든 반응의 경계에는 과정이라는 메타경첩이 존재한다."라는 내용으로 정의되는 '메타경첩원리'를 바탕으로 반응에 대한 일반화가 가능해집니다. 이때 동일한 입력이 동일한 출력을 제공한다면 닫힌 시스템이고, 동일한 입력이 상이한 출력을 제공한다면 열린 시스템입니다.

메타경첩원리

〈반응〉 = 〈입력|출력〉 = 〈입력|과정〉〈과정|출력〉

디락이라는 물리학자가 양자물리학의 상태를 나타내는 벡터의 표현을 위해 꺾쇠표 문장 부호인 〈 〉를 양쪽으로 쪼갠 두 형태를 제안합니다. 이러한 표현형을 '디락-벡터'라고 부르는데 흥미롭게도 바로 이 디락-벡터가 앞 글상자의 도식에서 보듯이 메타경첩원리의 도식적 표현을 위한 최적의 형식으로 메타경첩원리의 구조와 의미를 명확히 드러냅니다.

디락은 왼쪽 꺾쇠표인 '〈A|'를 '브라-벡터'라고 부르고, 오른쪽 꺾쇠표인 '|B〉'를 '켓-벡터'라고 부릅니다. 이때 두 벡터의 결합인 '〈A|B〉'는 물리적으로는 B로부터 A로의 변환 과정을 의미합니다. 디락은 이러한 입출력 변환 과정에 '〈A|B〉 = 〈A|C〉〈C|B〉'라는 형태의 연쇄변환식이 내재하여 있다고 말하면서 '|C〉〈C|'라는 연쇄변환자의 속성으로 'Σ|C〉<C|=1'라는 연쇄변환자 총합의 항등성을 보입니다.

연쇄변환식에서 '|C〉〈C|'라는 연쇄변환자가 바로 메타경첩입니다. '〈A|B〉 = 〈A|C〉〈C|B〉'라는 연쇄변환식을 메타경첩원리에 활용할 경우 입출력의 방향이 원래 디락의 의도와 반대로 바뀐다는 점에 유의해야 합니다. 즉 메타경첩원리는 '〈A|'라는 입력으로부터 '|B〉'라는 출력으로의 변환 과정은 '|C〉〈C|'라는 메타경첩에 의한 상변환, 즉 컴파일 과정을 거친다고 풀이가 됩니다. 컴파일 과정이 중첩되는 연속 메타경첩에는 직렬형과 병렬형이 있으며 메타경첩이 사라지고 홀로 남겨지는 경우는 수학적 모순의 근원인 유리 개념이 형성됩니다.

이유는 원인 자체가 아니라 원인 제공자라고 말한 적이 있는데, 이유와 원인의 관계에 대한 메타경첩 도식은 뒤 글상자와 같습니다. '〈원인|결과〉'의 변환 과정은 실제 현실인 자연 공간에서 {1:1}의 대응

경로를 거쳐 일어나는 선택의 여지가 없는 필연적 과정입니다. 그러나 '〈이유|원인〉'의 변환 과정은 가상현실인 위상공간에서 다양한 대응 경로 중 하나가 명제관계를 기반으로 선택되어 연결되는 선택적 과정으로 자유의지와 관련이 있는 과정임을 유념해야 합니다.

〈이유|귀결〉 = 〈이유|원인〉〈원인|결과〉〈결과|귀결〉

•• 인지 기제의 구조 분석

인식객체인 자연의 사물은 인식 매체를 통해 인식주체인 인간에게 인지됩니다. 인간의 인지 기제에 관한 탐구는 이러한 구별을 통해 그 주제가 나뉘게 되고, 이어서 서로 다른 형태로 발전하게 됩니다. 인식객체에 관한 탐구는 존재론에서 출발하여 경험주의를 거쳐 실재론의 형태로 나아가는데 과학철학에서 그 맥을 찾을 수 있겠습니다. 한편 인식 매체에 관한 탐구는 유명론 등의 형태를 거쳐 분석철학으로 이어지게 됩니다. 그리고 인식주체에 관한 탐구는 인식론에서 출발하여 이성주의를 거쳐 관념론의 형태로 나아가는데, 심리철학에서 그 흔적을 찾을 수 있겠습니다.

아리스토텔레스가 개별자라 부른 개념은 자연의 구체적인 사물을 가리키는 실체인데 반해 보편자라 부른 개념은 범주의 예에서 보듯이 인식 매체의 활용 과정에서 비롯된 하나의 구조적 장치입니다. 즉 보편자라는 개념은 인간이라는 인식주체가 개별자라는 인식객체에 대한 이해를 높이기 위한 수단으로서 고안해 낸 개념으로 보아야 합니다. 존재론이 실체에 초점을 맞추는 반면 인식론은 지식에 초점을 맞춥니다. 따라서 실체적 관점인 개별자는 존재론의 대상이 되지만, 지식적 관점인 보편자는 인식론의 대상이 됩니다.

"지식이란 우리가 받아들인 감각으로부터 개념을 인식하는 능력에서 비롯된다."라는 칸트의 진술은 인간의 인지 기제에 대한 통찰을 잘 보여줍니다. 자연의 존재와 변화를 알아보려는 인간의 인지 기제는 자연적 존재를 파악하는 물리적 단계와 추상적 존재를 이해하는 심리적 단계의 두 단계로 이루어집니다. 즉 인간은 먼저 사물이라는 내용을 물리적으로 인식하고 난 다음에 심리적으로 재인하게 되는 것입니다.

첫 번째 물리적 단계인 인식 과정은 의식의 지각 작용을 통해 가능하지만 두 번째 심리적 단계인 재인 과정은 인간의 언어라는 독특한 구조가 다시 내용의 형태로 관련되기 때문에 언어적 심상, 즉 관념을 이용하는 마음의 개념작용을 통해서만 가능합니다. 물리적 단계인 감각에 의한 인식 과정이 일어나는 세계는 이치가 지배하는 세계인 반면 심리적 단계인 언어에 의한 재인 과정이 일어나는 세계는 가치가 지배하는 세계임을 알아야 합니다.

인간은 감각 신호를 통해 사물을 감각하고 지각표상을 통해 사물을 지각하게 되는데, 대표적인 감각 신호로는 시각신경을 자극하는 빛과 청각 신경을 자극하는 소리가 있습니다. 한편 인간의 개념 작용 및 가치판단과 같은 사고 행위는 감각 작용이나 지각 작용과는 별도의 과정으로 감각 신호를 컴파일함으로써 언어라는 2차 정보의 추출을 통해 진행됨은 언급한 바 있습니다.

　인식과 재인이라는 두 과정으로 이루어지는 인간의 인지 기제 중 의식에 기초하여 감각적 존재를 파악하는 물리적 과정인 인식 과정은 ①감각 작용과 ②지각 작용의 두 단계로 이루어짐을 알 수 있습니다. ①감각 작용은 사물에 관한 정보가 물리적 매체를 통해 신호의 형태로 생명체의 감각기관으로 전달되는 과정이고, ②지각 작용은 생명체의 감각기관에 전달된 정보가 생명체의 의식에 의해 지각표상의 형태로 정량적으로 분석되고 정성적으로 해석되는 과정입니다.

　한편 마음에 기초하여 지각적 존재를 이해하는 심리적 과정인 재인 과정은 ③개념작용과 ④추상 작용의 두 단계로 이루어집니다. 이렇게 2과정 4작용으로 이루어지는 인간의 인지 기제와 지각의 관계는 뒤 글상자의 도표와 같은데, 지각과 관련되는 문제는 제3장에서 자세히 설명하도록 하겠습니다.

인지와 지각의 관계

인지		대 상	지 각			
과 정	작 용		생리	미분	적분	위상
인식 과정	①감각 작용	실체적 존재	○	○	×	×
	②지각 작용	실재적 존재	×	○	○	×
재인 과정	③개념 작용	현상적 존재	×	×	×	○
	④추상 작용	추상적 존재	×	×	×	○

　실체적 존재가 대상인 ①감각 작용은 그 결과가 감각 신호이고 실

재적 존재가 대상인 ②지각 작용은 그 결과가 지각표상입니다. 한편 현상적 존재가 대상인 ③개념작용은 그 결과가 고유개념이고, 추상적 존재가 대상인 ④추상 작용은 그 결과가 의존개념입니다. 여기서 중요한 점은 인지 기제의 결과가 인지자의 위치에 따라 변한다는 사실입니다. 이러한 인간의 인지 기제를 앞서 설명한 메타경첩원리의 도식을 이용하여 풀어보면 뒤 글상자의 표현과 같습니다.

인간의 인지 기제

인지 기제 = {인식 과정} ・ {재인 과정}
= {⟨①감각 작용⟩⟨②지각 작용⟩} ・ {⟨③개념작용⟩⟨④추상 작용⟩}
= {⟨사물|감각 자료⟩ ⟨감각 자료|지각표상⟩} ・ {⟨지각표상|지칭⟩ ⟨지칭|명칭⟩}

인지 기제의 도식에서 전반부인 인식 과정은 의식에 기초하는 물리적 단계로 ①감각 작용과 ②지각 작용으로 이루어지며 사물이라는 입력이 감각 자료라는 메타경첩을 통해 지각표상이라는 출력으로 컴파일되는 과정입니다. 그리고 후반부인 재인 과정은 마음에 기초하는 심리적 단계로 ③개념작용과 ④추상 작용으로 이루어지며 지각표상이라는 입력이 언어라는 메타경첩을 통해 다시 언어라는 출력으로 컴파일되는 과정입니다.

인간의 인지 기제에서 의식에 기초하는 물리적 단계인 인식 과정 중 첫 번째가 ①감각 작용인데 메타경첩원리의 도식에 따라 풀어 보면 뒤 글상자의 표현과 같습니다. ①감각 작용은 사물로부터 인식주체의 감각기관으로 정보가 전달되어 조응을 일으키기까지의 과정을 말합니다. 이 과정에는 정보의 전달 경로인 매체가 메타경첩으로 개입하게 됩니다. ①감각 작용은 사물의 정보가 매체로 전사되는 단계와 매체에 전사된 정보가 감각기관에 도달되어 감각 자료를 형성하는 단계로 이루어집니다.

①감각 작용의 결과를 흔히 감각이라 부릅니다. 사물의 정보를 전달하는 대표적인 매체로는 빛이라든가 소리를 꼽을 수 있겠고, 또한 화학적 신호를 전달하는 화학물질 역시 이러한 매체의 일종으로 볼 수 있겠습니다.

〈①감각 작용〉 = 〈사물|감각 자료〉
              = 〈사물|매체〉〈매체|감각 자료〉
              = 〈정보〉〈감각〉

물리적 단계인 인식 과정의 두 번째 과정은 ②지각 작용인데, 신경 회절이 메타경첩으로서 작용하는 현상으로 메타경첩원리의 도식에 따라 풀어보면 뒤 글상자의 표현과 같습니다. ②지각 작용은 인식 주체에 형성된 감각 자료가 신경회로의 회절에 의해 컴파일되어 자극을 형성하는 단계와 신경 회절의 결과가 입력되어 지각표상으로 컴파일되어 지각을 형성하는 두 단계로 이루어집니다.

②지각 작용은 감각 자료인 신경 신호가 뇌에 도달함으로써 일어나지만 때로는 자체로서 신경 회로의 형성이 가능한 신체의 국소적 감각기관에서 일어나기도 한다는 사실을 기억해야 합니다.

〈②지각 작용〉 = 〈감각 자료|지각표상〉
= 〈감각 자료|신경 회절〉〈신경 회절|지각표상〉
= 〈자극〉〈지각〉

다음으로 심리적 단계인 재인 과정 중 첫 번째 ③개념작용은 지각표상에 지칭이 부여되는 과정인데 관념이 메타경첩으로서 작용하는 단계로 메타경첩원리의 도식에 따라 풀어보면 뒤 글상자의 표현과 같습니다. ③개념작용은 개별 사물에 관한 지각표상이 관념이라는 출력으로 컴파일되어 의미를 형성하는 의미화 단계와 이 관념이 다시 지칭으로 출력되어 고유개념을 형성하는 개념화 단계로 이루어집니다. 언어의 발생 과정에서 논의되는 언어의 사적 영역 문제는 의미화 단계와 연관되어 있고, 공적 영역의 문제는 개념화 단계와 연관되어 있다고 볼 수 있습니다.

③개념작용은 관념으로 이름 붙여진 언어적 심상이라는 메타경첩을 통해 이른바 개념이 정의되는 심리적 컴파일 과정에 관한 도식입니다. 즉 앞서 물리적 단계인 인식 과정의 결과로 생성된 지각표상이라는 입력이 관념이라는 메타경첩을 통해 언어로 출력되어 지칭으로서 재인되는 과정입니다.

③개념작용의 도식에서 입력인 지각표상이 관념과 결합된 의미를 내포라 정의하고, 출력인 지칭이 관념과 결합된 개념을 고유개념이라 정의하겠습니다. 여기서 개념이란 흔히 알고 있는 낱말의 뜻풀이인 어의와는 다르다는 점에 유의해야 합니다.

지각표상은 지각 작용을 통해 자연의 사물과 직접적인 대응 관계에 있으므로 고유개념 또한 당연히 자연의 존재와 직접적인 대응 관계를 갖게 됩니다. 따라서 고유개념은 아리스토텔레스가 주장한 개별자와 동등한 개념임을 알 수 있습니다.

〈③개념작용〉 = 〈지각표상|지칭〉
　　　　　　 = 〈지각표상|관념〉〈관념|지칭〉
　　　　　　 = 〈내포〉〈고유개념〉

　심리적 단계인 재인 과정 중 마지막 ④추상 작용은 개별적 언어 표현인 지칭이 관념이라는 메타경첩을 통해 명칭이라는 일반적 언어 표현으로 변환되는 단계로 메타경첩원리의 도식에 따라 풀어보면 뒤 글상자의 표현과 같습니다. ④추상 작용은 지칭이 관념이라는 출력으로 컴파일되어 의미를 형성하는 의미화 단계와 이 관념이 명칭으로 출력되는 추상화 단계로 이루어집니다. 이때 의미화 단계의 출력을 외연 그리고 추상화 단계의 출력을 의존개념이라 정의하겠습니다. 여기서 의존개념은 아리스토텔레스의 보편자를 포함하고 있는 개념임을 알 수 있습니다.

　의존개념은 대응하는 대상의 예를 자연에서 직접 발견해서 투사할 수 있는 의존개념과 그 대응 대상의 예를 자연에 직접 투사할 수 없는 의존개념으로 나뉩니다. 대응 내상을 투사할 수 있는 의존개념에는 '현상자'라는 이름이 그리고 대응 대상을 투사할 수 없는 의존개념에는 '추상자'라는 이름이 적합해 보입니다.

〈④추상 작용〉 = 〈지칭명칭〉
            = 〈지칭관념'〉〈관념'|명칭〉
            = 〈외연〉〈의존개념〉

일찍이 밀Mill은 "이름은 외연denotation은 갖지만, 내포
connotation는 갖지 않는다."라는 주장을 합니다. 이러한 이름의 개
념적 이해와 관련해서 프레게와 러셀은 "이름이란 기술 어구의 약어
일 뿐이다."라는 기술주의 주장을 폅니다. 밀에 동조하는 러셀과 달
리 프레게는 밀이 외연과 내포라고 주장한 개념을 지시Bedeutung와
의미Sinn로 구분합니다. 이어서 콰인이라는 철학자 또한 이 두 개념
을 외연과 내포로 이해합니다.

한편 크립키라는 철학자는 이름의 유일한 의미가 그 지시체라고
주장하면서 프레게와 달리 이름의 의미와 지시체를 구분하지 않고,
러셀의 기술주의 또한 받아들이지 않습니다. 그는 고정지시어와 비
고정지시어를 구분하는데 고정지시어는 다른 가능 세계에서 같은 대
상을 지시하는 반면 비고정지시어는 다른 가능 세계에서 다른 대상
을 지시합니다. 앞서 외연만을 갖는다고 밀이 주장한 이름은 고정지
시어입니다. 크립키의 고정지시어와 비고정지시어는 아리스토텔레스
의 개별자와 보편자 개념을 떠올리게 합니다.

이렇듯 이름과 그 의미에 대해 개념적 혼란이 일어나는 까닭은 재
인 과정을 주관하는 언어와 관련이 있습니다. 첫째로 ③개념작용의
도식에서 지칭을 통해 고유개념을 생성하는 관념의 형성을 정확하게
파악해야 합니다. 다음으로 ③개념작용의 도식에서 지칭이라는 고유

개념에 관련되는 의미와 ④추상 작용의 도식에서 명칭이라는 의존개념에 관련되는 의미의 두 가지를 명확하게 구분해야 합니다.

여기서 고유개념이 형성되는 의미의 개념화 과정에 개입하는 관념과 의존개념이 형성되는 의미의 추상화 과정에 개입하는 관념은 서로 차원이 다른 관념입니다. 비록 크립키가 주장하는 고정지시어와 비고정지시어의 구분이 고유개념과 의존개념의 구분과 닮아 보이는 면이 있기는 합니다만 그가 개념화 과정과 추상화 과정을 명확하게 구분하고 이해한 상태에서 주장한 것 같지는 않습니다.

서로 차원이 다른 개념화 과정의 관념과 추상화 과정의 관념을 구별하지 못한다면 앞서 철학자들의 진술에서 보듯이 이름의 개념적 이해에 혼란이 일어나게 됩니다. 이러한 내포와 외연에 관한 개념적 혼란은 사물을 직접적으로 가리키는 구상성을 갖는 지칭이라는 개념과 지칭의 집합을 나타내는 추상성을 지닌 명칭의 개념을 명확히 구분한다면 해소될 수 있는 혼란이라 할 수 있겠습니다.

제2장

디자이너 없는 디자인
: 동물의 삶

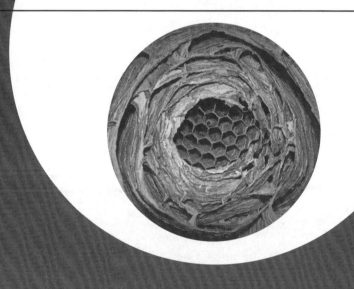

1. 진화라는 이름의 시간 여행

> 새로운 이론들의 출현은 대체로 전문 분야의 불안정함이 현저해지는 선행 시기를 거치게 된다. 그런 불안정함은 정상과학의 수수께끼들이 좀처럼 제대로 풀리지 않는다는 데서 발생한다. 그리고 기존 규칙의 실패는 새로운 규칙에의 탐사를 향한 전조가 된다.
>
> – 토마스 쿤

** 비글호의 여행은 시간의 여행

다윈이 비글호의 여행을 통해 깨달은 것은 생물종이 불변으로 고정된 것이 아니라 변한다는 사실이었습니다. 다윈의 통찰력은 그의 비글호 여행을 단순한 공간의 여행이 아니라 생물의 역사를 훑어보는 시간의 여행으로 만든 셈입니다. 그런데 이렇듯 생물종이 고정된 것이 아니라 종간변이를 통해 변한다면 새로운 생물종의 탄생 과정은 과연 어떻게 설명되는 것일까요? 다시 말해 '종의 기원'은 무엇일까요? 이것이 다윈의 문제였습니다.

여기서 다윈은 인간이 긴 역사를 통해 수행한 가축화, 즉 짐승의 길들이기 과정을 떠올렸을 것입니다. 개의 길늘이기가 쉬운 예가 되겠지만, 개의 조상인 늑대의 경우는 쉽지 않습니다. 그래서 다윈은 진화론의 설명을 위해 비둘기를 선택합니다. 비둘기의 품종 개량은 길들이기 과정에서 원하는 품종의 속성을 계속해서 선택함으로써 비교적 짧은 시간 내에 분화가 가능하기 때문입니다.

품종 개량의 과정은 '가축 선택'이라 부를 수 있는 인위적 선택 과정입니다. 그렇다면 인간의 개입 없이 자연에서도 이와 같은 선택 과정이 일어나는 것은 아닐까요? 즉 '자연선택'이라 부를 수 있는 과정이. 이렇게 새로운 종의 탄생과 관련해서 종간변이라는 개념은 정립했지만, 진화라는 시간 여행의 기록을 못 찾아 생물학적 기제를 정확히 이해하지 못했던 다윈으로서는 과학적 이론의 체계를 제대로 세우지 못한 채 사실의 연결에서 그치게 됩니다.

다윈은 왜 진화론의 기본 골격으로 '자연도태'가 아닌 '자연선택'이라는 용어를 사용했을까요? 선택이라는 개념에는 도태라는 개념과는 달리 선택의 주체에 대한 가정이 함축된 듯 보입니다. 혹시 보수적인 빅토리아 시대에 종교적/정치적 마찰을 원하지 않았던 그의 사려 깊은 용어 선택이었을까요?

어쨌든 자연도태를 입증하기 위해서는 멸종된 사례들이 필요한데 이미 과거에 멸종되어 사라진 생물종을 수집한다는 건 불가능한 일이니 다윈으로서는 별다른 선택의 여지가 없어 보이긴 합니다. 그렇다면 결국 의미상으로는 자연도태지만 표현상으로는 자연선택이라는 용어를 사용할 수밖에는 없었을 것입니다.

그런데 선택이라는 용어에서는 방향성이 느껴지고 방향성은 목적성을 떠올립니다. 생존을 위한 경쟁 과정에서 생존에 유리한 덕분에 살아남은 형질의 결과론을 마치 시험 과정을 거치면서 선택된 형질의 목적론인 양 밀어붙이는 행위는 무지를 넘어 위험하다는 생각이 들게 합니다.

　　인간에게 있어 행복은 목표가 아니라 수단이라는 주장을 진화론
은 폅니다. 인간은 행복 자체를 추구하는 것이 아니라 생존을 위한
수단으로서 행복을 추구한다는 것으로 행복이란 사회적 동물에게
있어서 생존 확률을 높이는 데 필요한 일종의 생존 장치라는 얘기입
니다. 어쨌든 자연의 진화에는 목적이 있을 수 없다고 생각한 다윈
은 선택이라는 용어가 풍기는 방향성의 냄새를 지우기 위해 그의 저
술 곳곳에서 진화의 방향성을 명시적으로 부정합니다.

　　사실 진화론은 다윈 이전에 이미 시작되었습니다. 다윈이 한 일
은 자연선택이라는 개념을 사용하여 진화론의 기본 골격을 정립한
것입니다. 그런데 문득 '진화론을 과연 과학으로 볼 수 있을까?' 하
는 의문이 떠오릅니다. 진화론이 생명체의 변화와 관련해서 과거의
현상을 설명할 수 있다는 건 분명해 보입니다. 그런데 진화론이 미래
의 현상도 예측할 수 있을까요?

　　다윈이 관찰했듯이 종의 분화는 변이에서 비롯됩니다. 따라서 진
정한 진화의 과학은 변이에 관한 정량적 탐구를 통해서만 완성될 수
있습니다. 생명의 개체 간 전달 현상은 유전 이론으로 설명이 가능하
고, 생명의 세대 간 전달 현상은 진화 이론으로 설명이 가능합니다.
진화라는 시간 여행의 기록에 관한 유전 이론은 왓슨과 크릭의 발견
에 기초하는데, 크릭은 그들이 밝힌 유전 원리에 '센트럴 도그마'라
는 이름을 붙인 바 있습니다. 이렇게 20세기에 들어서서 진화의 기록
인 유전의 비밀이 분자생물학을 통해 풀리면서 비로소 다윈의 '종의
기원'이라는 주장이 과학적 배경을 지니게 됩니다.

그러나 진화론이 과학으로서의 면모를 제대로 갖추기 위해서는 내부에 분자생물학에 기초한 정량적 유전 기제를 내장함으로써 재탄생해야 한다고 봅니다. 이런 보완이 없이는 비록 다윈의 진화론이 현대 생물학의 길을 여는 첨병의 역할을 담당했다지만, 진화의 인과관계를 정량적으로 엄밀히 풀어내지 못하는 그의 주장은 과학 이론으로 대접받기에는 이르지 않은가 하는 생각을 해 봅니다.

재현성과 예측성을 과학의 본성이라 할 때 생물학이 과연 과학으로서 대접받을 수 있겠는가 하는 문제를 제1장에서 살펴보았습니다. 그런데 생물학 중에서도 특히 진화론이 진정한 과학으로 서기에는 보완이 필요해 보입니다. 칼 포퍼는 그의 자서전인 『끝없는 탐구』에서 "나는 다윈주의가 시험 가능한 과학적 이론이 아니라, 오히려 형이상학적 연구프로그램 – 즉 시험 가능한 과학적 이론의 틀이 될 수 있는 것 – 이라는 결론에 도달했다."라고 논평합니다.

포퍼가 지적한 대로 진화론이 시험 가능한 과학적 이론으로 완성되기 위한 보완책을 마련해 봅니다. 먼저 생명체 외부의 화학적 불균형이 생명체 내부에 화학적 평형점의 이동을 초래합니다. 생명체 내 화학적 평형점의 이동이라는 현상은 이어서 그 생명체에 새로운 형질을 발현시키고 유전정보로 기록됩니다.

무생물계가 평형점을 향해 수동적으로 변화되는 반면 생물계는 임의로 변화하는 자연환경에 맞서 능동적으로 진화합니다. 이때 변화하는 환경에 적응한다면 살아남겠지만, 환경의 변화가 임의적이므로 진화 과정에 예정된 방향이란 있을 수 없습니다. 즉 진화의 미래는 본질적으로 예측이 불가능합니다. 이렇듯 예측이 불가능한 대상이라면 과학의 범위를 벗어날 수도 있겠다는 생각을 해 봅니다.

** 진화론의 길목

자연을 둘러보면 동물의 눈이나 새의 날개에서 느낄 수 있듯이 생명체는 생존에 알맞게 디자인되고 시험이 끝나 마치 진화가 완료된 듯이 보입니다. 이렇게 지구상의 생명체는 현재완료형으로 보이지만, 사실 생명현상은 현재진행형임을 알아야 합니다. 자연은 시간이 흐름에 따라 세련되어 가는 듯이 보이고 마치 의도적으로 조작되고 있는 것처럼 생각되지만, 시간에는 인과적인 힘이 없습니다.

자연은 디자이너 없는 디자인일 뿐입니다. 앞 절에서도 말했듯이 우연한 진화 과정에서 생존에 유리한 덕분에 살아남은 결과를 마치 필연적인 시험 과정을 거쳐 선택된 결정인 양 취급함으로써 목적성을 가정하는 작업은 위험천만한 일입니다. 인간의 경우는 문화라는 요소로 인해 목적론적 해석의 가능성이 열려 있긴 하지만 어쨌든 본말을 뒤집어 결과론을 목적론으로 호도하는 행위는 온당치 않아 보입니다.

윌슨이라는 생물학자는 인간종의 사회성을 초유기체인 개미와 비교합니다. 개미의 집성촌 사회와 달리 인간 사회가 단순한 집성촌이 아님에도 불구하고 집성촌의 집합을 이룰 수 있는 이유는 인간종에게는 형질이라는 생물학적 단계 외에도 문화라는 인문학적 단계가 하나 더 있기 때문입니다. 문화의 오인에 의한 윌슨식 풀이라면 결혼이라는 행위를 'marriage'라는 개념이 아니라 'mating'이라는 짝짓기의 개념으로 이해해야 한다고 주장할는지도 모릅니다.

유전자의 표현형인 형질은 물질대사에 간여하는 체질과 정보대사에 간여하는 기질의 두 가지 형태로 나타납니다. 이 중 기질이 문화라는 인문학적 단계와 연결되는데, 인문학적 단계의 문제를 풀기 위해 의식 연구자들은 저차의식과 고차의식을 구분하기도 합니다. 그런가 하면 거꾸로 문화가 형질을 통해 유전자의 발현에 영향을 미치기도 하는데 이에 대한 설명은 후성 규칙이 맡게 됩니다.

고생물학자인 스티븐 제이 굴드는 옷을 걸치지 않은 순수한 육신만의 존재를 인간으로 생각한 반면 윌슨은 옷을 걸친 육신의 존재를 인간으로 봅니다. 여기서 '옷'은 문화를 대변하는 존재로, 즉 윌슨은 문화가 포함된 총체적 존재를 인간으로 규정하고 있다는 말입니다. 이러한 견해의 차이가 중요한 이유는 생물학적 진화의 대상에 문화가 포함되는가 아닌가 하는 문제 때문입니다.

굴드가 문화는 학습되는 것이지 생물학적 진화에 포함되지 않는다는 입장인데 반해 윌슨은 문화 또한 '문화소culturgen'라는 유전생물학적 존재를 통해 진화한다는 입장입니다. 윌슨의 문화소라는 하드웨어적 존재의 주장과 달리 도킨스의 주장은 문화가 '밈meme'이라는 소프트웨어적 존재를 통해 진화한다는 입장입니다.

여기서 동물의 희생 행위에 대한 이해를 돕기 위해 잠깐 이타성의 설명에 활용되는 해밀턴의 혈연선택 공식을 살펴보겠습니다. '$rb > c$'로 표현되는 해밀턴 공식은 '$c/b < r$'의 형태로 바꾸어서 새기는 것이 이해가 쉽습니다. 여기서 'b'는 이익을 의미하고, 'c'는 비용을

의미하므로 'c/b'라는 값은 '이익에 드는 비용'을 나타냅니다. 'r'이라는 근친도가 자본금을 나타낸다고 보면 해밀턴 공식의 경제학적인 해석은 단위 이익당 비용이 적을수록 투자 가치는 커지지만, 자본금이 투자의 상한선이므로 자본금을 넘을 수는 없다는 내용이 됩니다. 즉 해밀턴 공식의 의미는 "타인을 위한 행동[c/b]은 그와 가까운 정도[r]를 넘을 수 없다." 입니다.

그런데 문제가 하나 있습니다. 이러한 근친에 대한 이타적 행위의 이해 능력이 개체 선택을 통해 나 혼자한테만 국한되어 발현된다면 결국은 나 혼자만 희생하는 것이니 결과적으로 나한테는 손해입니다. 그러나 집단 선택을 통해 내 근친에게도 그러한 이해 능력이 함께 발현된다면 나한테도 꼭 손해만은 아닙니다. 이렇듯 해밀턴 공식은 개체 선택이 아니라 집단 선택을 전제로 하는 공식입니다. 그런데 집단 선택을 위한 근친도의 의미가 명쾌하질 않습니다.

유전자를 공유하는 군체에서는 혈연선택이라는 개념을 통해 근친도의 규정이 쉽지만, 유전자를 공유하지 않는 군체에서는 그렇지 않습니다. 오랫동안 해밀턴 공식에 뭔가 부족함을 절감했을 윌슨은 시간이 흐르자 마침내 주저했던 태도를 정하게 됩니다. 이것이 2005년 미국 텍사스 학회의 발언에서 비롯된 이른바 윌슨의 변절 사건입니다.

문제는 해밀턴 공식의 부족함을 채우기 위해서는 혈연선택을 넘어 집단 선택으로의 확장이 필요한데 호르몬이 행동 양식을 결정하는 생존 과정에서는 이기성이 기본이고, 이타성은 어디까지나 방편에 불과하다는 점이 제약으로 작용한다는 것입니다. 진화와 관련해서 한 가지 흥미로운 사실은 자연이 진행성 선택압을 활용하는 반면 인간은 역행성 선택압을 운용한다는 것입니다.

해밀턴 공식의 확장

$$c/b < r + r'$$

사실 윌슨의 사고는 곤충의 사회성 문제에서 비롯됩니다. 그는 곤충 사회의 특성으로부터 분업을 특징으로 갖는 진사회성의 진화에 대해 자료를 모은 뒤 바로 인간 사회의 문제로 연결합니다. 그런데 윌슨은 인간 사회에 나타나는 '정치성'이라는 독특한 특성을 단순히 사회성의 일부로 치부한 것 같습니다. 여기서 사회성이라는 특성은 '친가족' 특성이지만, 정치성이라는 특성은 서로 다른 가족 사이의 관계에서 비롯되는 특성인 '간가족' 특성입니다. 문제는 간가족 특성이 인과율을 벗어난다는 것입니다.

유전자를 공유하는 군체에서는 친가족 특성인 사회성만 존재하므로 이른바 초유기체의 형성이 가능합니다. 하지만 유전자를 공유하지 않는 군체에서는 정치성이 간가족 특성으로 나타나게 되어 초유기체의 형성에 문제가 생깁니다. 여기서 필연적 특성이 아니라 개연적 특성인 정치성까지 인과관계의 순환 방식이라는 모호한 이름 아래 후성 규칙에 포함하려는 윌슨의 태도는 과학을 넘어선 태도로 보입니다.

해밀턴의 혈연선택 공식의 난점은 친족 간의 가까운 정도인 근친도라는 개념이 갖는 한계성의 문제입니다. 즉 이타적 행위를 위한 투자가 근친도라는 자본금의 상한선에 제약을 받는다는 것입니다. 그런데 이러한 상한선의 문제는 투자 여력을 키움으로써 해결됩니다. 즉 "부채 또한 자본이다."라는 경제학의 개념을 활용해서 자본금을 늘리면 됩니다. 여기에 정치성의 개념이 사용됩니다.

사회성에서 비롯되는 근친도[r]라는 개념처럼 정치성에서 비롯되는 원친도[r']라는 개념을 부채로서 도입하는 방법입니다. 원친도라는 개념은 정치적인 관계에서 비롯되는 동료애나 동지애 등을 아우르는, 멀지만 총체적인 친숙도의 개념입니다. 근친도가 자연적 상관관계인 반면 원친도는 문화적 상관관계로서 인간이 신념에 목숨을 거는 이유에 대한 설명을 가능하게 해주는 요소입니다.

진화가 비교적 긴 평균적 시기에 걸쳐 점진적으로 일어난다고 다윈이 주장한 반면 굴드는ㅡ 화석 자료에 따라서 ㅡ진화가 아주 짧은 편차적 시기에 단속 평형적으로 일어난다는 주장을 폅니다. 이렇듯 굴드는 진화의 발생과 관련해서 평균적 시기가 아니라 편차적 시기에 방점을 찍습니다.

한편 굴드는 인간의 본성과 관련된 통계를 볼 때 세상을 바꾸는 편차적 속성인 공격성보다도 세상을 움직이는 평균적 속성인 자비심에 더 주의를 기울일 필요가 있다고 고언합니다. 또한, 그는 생물학적으로 잠재성과 결정론은 다른 개념이라며, 특히 유전과 관련해서 상동성과 상사성의 차이에 대해 엄중하게 경고합니다. 굴드는 자신의 경고를 "결과의 유사성이 원인의 동일성을 의미하지는 않는다."라는 간결한 문장으로 표현합니다.

생명체의 유전자에는 변이가 일어나기 마련입니다. 이러한 변이에는 평균성 변이와 편차성 변이가 있습니다. 한 생물종의 유전자에 평균성 변이가 일어난다면 이는 종내변이로서 종간변이로는 넘어가지 않습니다. 그러나 편차성 변이가 일어난다면 이는 종간변이로서 만약 변이 이후에도 환경에 적응해서 무사히 살아남는다면 진화의 주역 즉 '종의 기원'이 됩니다. 이것이 이른바 돌연변이입니다.

세상을 굴리는 건 평균이고, 세상을 바꾸는 건 편차라는 진화 도그마를 기억할 필요가 있습니다. 살아남는 자는 가장 강한 자도 가장 현명한 자도 아닌 변화하는 자라는 다윈의 논평은 얼핏 진화론의 핵심인 듯이 들리지만 사실 진화론의 교훈은 반대로 새겨야 합니다. 왜냐하면, 변화하는 자야말로 진정으로 강하고 현명한 자라고 진화론은 이야기하고 있기 때문입니다.

생명은 집합명사입니다. 그래서 집합의 생존은 정보의 공유가 좌우하게 됩니다. 생명체에 있어서 감각기관에 의한 위험성의 감지 못지않게 중요한 것은 운동기관을 포함한 생명체 전체가 위험성의 감지를 공유할 수 있어야 한다는 점입니다. 정보의 공유에는 공간적 공유와 시간적 공유가 있는데 정보의 공간적 공유는 의식이라는 이름으로 그리고 정보의 시간적 공유는 기억이라는 이름으로 진화하게 됩니다.

진화적 입장에서 본다면 다세포 생물로 진화하여 분업 체제를 갖춘 생명체가 생존을 지속하기 위해서는 분업 조직 사이에 자극의 공유를 가능하게 하는 자극 공유 시스템이라는 협업 장치를 갖추는 방향으로의 진화가 효과적으로 보입니다. 이 과정은 필시 자극을 연결하는 신경망의 형성으로 시작되었을 것이고, 이어서 공유 효율을 극대화하기 위하여 신경계의 집중이라는 형태로 발전하였을 것입니다.

이러한 진화 과정을 거쳐 생명체는 마침내 자극 공유 시스템을 갖추게 됩니다. 자극의 공유라는 개념이 기능적으로는 자극의 해석 및 처리를 의미한다는 점에서 결국 자극 공유 시스템의 실체는 다름 아닌 뇌라는 이름의 조직이며, 자극 공유 시스템의 발현은 의식이라는 이름으로 일컫는 존재라고 보아야 할 것입니다.

일반적으로 동물에게 입력되는 자연의 신호인 자극은 뇌를 포함하는 신경 회로망을 통해 연산 처리됨으로써 지각이라는 출력으로 변환됩니다. 이러한 정보처리 기제를 의식이라는 이름으로 부르는데, 동물은 의식이라는 기능을 사용함으로써 주위의 자연을 인식하고 반응하게 됩니다.

그런데 인간의 뇌는 자연에서 들어오는 감각 신호를 연산 처리하는 기능 외에도 음성신호를 컴파일함으로써 2차 정보인 의미를 획득할 수 있는 기능을 추가로 갖추게 됩니다. 언어가 단순한 소리 신호를 넘어서 효용성을 갖는 이유는 바로 의미에 있는데, 의미는 언어적 심상인 관념의 별칭입니다.

인간은 관념에서 비롯되는 개념의 연결 방식을 체계화함으로써 마침내 언어라는 기적을 완성하게 됩니다. 이때 언어의 컴파일 능력은 감각 자료를 코드화함으로써 정보의 양을 엄청난 비율로 압축할 수 있도록 해줍니다. 이로써 인간은 두뇌가 안고 있는 일정한 용적이라는 물리적 공간상의 제약 문제를 해결하게 됩니다.

즉 언어의 컴파일에 의한 정보량의 압축이라는 특이한 방식을 사용함으로써 인간은 두뇌의 용량과 관련해서 구동장치인 하드웨어적 확장이 아니라 구동절차인 소프트웨어적 확장을 완성합니다. 그리고 언어로 인해 인간은 모든 동물이 갖추고 있는 의식 외에도 마음이라는 독특한 기능을 별도로 갖게 됩니다.

진화의 계단

물질대사 → 정보대사 → 생명 출현

↓

의식 발현 ← 자극 공유 ← 자극 연결

↓

기호 사용 → 상징 사용 → 언어 구축

↓

마음 탄생 ← 가상자극 ← 가상현실

2. 정보를 처리하는 의식

> 에델만: 〈의식〉의 수준을 1차/2차/고차 등으로 분류
> 데넷: 〈생물〉을 여러 수준으로 나누어 설명
> 베넷/해커: 〈의식〉을 타동사적/자동사적으로 분류

** 의식의 형성

다윈의 경쟁적 진화를 통해서건 아니면 린 마굴리스의 공생적 진화를 통해서건 자연사 속에서 생명체는 다세포생물로 다양성과 복잡성이 증가하게 됩니다. 이에 따라 생명체의 위기 대처 능력이 커다란 문제로 떠오르게 됩니다. 위기 대처 능력이 생명체의 생존 가능성을 결정하기 때문입니다. 위기 대처 능력이란 외부로부터 오는 자극을 수용하고 판단하여 행동으로 연결하는 능력을 말합니다.

일단 세포들의 집합체로 이루어진 생명체가 생존을 계속하기 위해서는 먼저 외부로부터 주어지는 자극을 변별할 수 있어야 합니다. 주어지는 자극이 무엇인지 알아야 자극에 대한 적절한 대응 방법을 강구할 수 있기 때문입니다. 그다음으로는 변별된 자극을 세포들의 집합체인 생명체 전체가 공유할 수 있어야 합니다. 그래야 자극에 따라서 접근하든가 아니면 자극으로부터 회피하든가 하는 구체적인 행동을 하나의 개체로서 실행할 수 있기 때문입니다.

먼저 자극의 변별이라는 생존 전략을 살펴보면 생존을 위한 변별력에서는 작은 자극의 차이라도 쉽게 판별해 낼 수 있는 분해능과 자극의 실체를 빠르게 판정해야 하는 판단 속도가 중요한 요소임을 알 수 있습니다. 따라서 생명체가 외부로부터 주어지는 자극에 대해 효율적으로 대응하기 위해서는 자극의 종류를 국소적 자극과 전역적 자극으로 나누어 대응하는 방식이 최선으로 보입니다.

뒤의 인용문은 다마지오라는 신경학자의 『스피노자의 뇌』라는 저술에 나오는 '느낌'과 관련된 이야기입니다. 느낌 혹은 감정이라는 존재는 생존을 위해 대단히 중요한 역할을 합니다. 생명체는 외부로부터 자극을 받아 생리적 반응을 일으키는데, 자극에는 생존에 이로운 자극도 있고 해로운 자극도 있습니다. 생존의 효율성을 극대화하기 위해서는 자극에 대한 신속한 판단이 필요해집니다.

📖 "느낌이 그 주인에게 자각될 경우, 삶을 관장하는 느낌의 절차는 더욱 개선되고 증폭된다. 느낌의 이면에 자리 잡은 장치가 특정 순간에 생명체의 각기 다른 신체 요소의 상태에 대해 명백하고 강조된 정보를 제공함으로써 생존에 필요한 생물학적 수정을 가능하게 해준다. 느낌은 관련된 신경 지도에 '주의'라는 도장을 쾅 찍어 주는 셈이다."

이렇듯 생존에 필요한 신속한 판단을 위해 생명체에는 실시간적 판단 도구로서 감정이라는 주관적 기제의 진화가 이루어집니다. 즉 감정이라는 존재는 주어진 자극이 유리한 자극인지 아니면 불리한 자극인지 자극의 적합도를 좋고 싫은 호오의 형태로 신속하게 판단하는 기제를 뜻합니다. 이렇게 감정이라는 기제를 통해 생명체라는 개체의 통제성이 향상됨을 알 수 있는데, 이러한 감정 기제의 문제는 심리철학에서 감각질qualia이라는 문제를 일으킵니다.

　바로 자극의 효율적인 변별 수단인 느낌이 서로 다른 생명체에서도 동일한 양상으로 나타나느냐는 문제입니다. 이는 느낌의 내적 상태를 서로 알 수 없다는 문제로 이른바 감각질의 동질성을 묻는 퀄리아 문제입니다. 퀄리아 문제는 목적과 효과가 동일하다고 해서 굳이 과정까지도 동일할 필요는 없을 것이라는 생각이 듭니다.

> 장자가 다리 아래 연못에서 노니는 물고기를 보며 말했다.
> "물고기들이 즐겁게 노니는구먼!"
> 혜자가 물었다.
> "자네가 물고기가 아닐진대, 어찌 그들이 즐거운지 아는가?"
> 장자가 대답했다.
> "그대 또한 내가 아닐진대, 어찌 내가 모르는 줄을 아는가?"

　결국, 감정이라는 요소는 일종의 조기 경보장치라는 이야기입니다. 그리고 이런 식의 자극 수용 방식은 마침내 개체의 개성이나 취향을 형성하는 바탕이 됩니다. 그런데 이러한 논리는 개체가 모인 집단의 생존에도 마찬가지로 적용됨을 알 수 있습니다. 왜냐하면, 개체가 모인 집난에서노 집단의 외부로부터 오는 자극에 대한 신속한 변별과 대응이 그 집단의 생존율을 높이기 때문입니다.

　한 집단에 있어서 외부로부터의 자극에 대한 변별 수단은 진화의 과정에서 민족성이라는 형태로 드러나는데, 민족성은 마침내 문화라는 이름으로 자리매김합니다. 그리고 집단의 생존율과 통제성을 극대화하기 위해서 어떤 행동이 적합한지를 판단하는 기준의 역할을 하는 제도라는 방식이 통치 이념의 형성을 통해 완성됩니다. 특정 종교가 그토록 오랜 세월을 이어져 내려올 수 있었던 이유는 그들이 이런 식으로 통치 이념에 활용되었기 때문입니다.

> 감각질은 내재적 자극 변별 시스템이요,
> 민족성은 외재적 자극 변별 시스템이다.
>
> 의식은 내재적 자극 공유 시스템이요,
> 언어는 외재적 자극 공유 시스템이다.

　동물에게 입력되는 자연의 신호인 자극은 뇌를 포함하는 신경 회로망을 통해 출력으로 처리되는데, 이러한 정보처리 기제를 '의식'이라는 이름으로 부릅니다. 감각이 지각으로 연결되는 과정을 보면 신경 전류가 신경섬유로 구성된 신경 회로망을 통과할 때 마치 빛이 회절격자에 의해 회절 현상을 일으키는 것과 유사한 방식으로 회절 현상이 일어남을 알 수 있습니다. 즉 신경섬유를 통해 감각 신호가 전달되는 기제의 정체가 바로 신경 회로망이 홀로그램의 역할을 하는 홀로그램 방식이라는 것입니다.

　홀로그램 방식은 기존의 2차원 사진과 광학적 공간홀로그램인 입체사진을 비교해 보면 이해가 쉽습니다. 2차원의 사진에는 실제 모습이 사진 속에 그대로 재현되어 있습니다. 그러나 입체사진의 경우는 공간홀로그램의 어디에도 실제 모습이 그대로 재현되어 있지 않습니다. 물결무늬로 보이는 입체사진에 빛을 쪼여야만 비로소 실제 모습과 같은 입체 영상이 나타나게 되는 것입니다.

신경 회로망에서의 홀로그램 방식을 이해하기 위해 신경계의 척추에 비유할 수 있는 고속도로를 운행하는 차량을 예로 들어 보겠습니다. 상행선 고속도로가 끝나는 종점인 서울 톨게이트에는 여러 도시에서 출발한 차량이 함께 들어옵니다. 이때 각 차량에 요금을 제대로 물리기 위해서는 그 차량의 출발점이 어디인지 정확히 알아야 합니다. 그러기 위해서는 모든 차량이 기점을 출발할 때 그곳에서 통행증이라는 꼬리표를 달고 종점인 서울 톨게이트에서는 그 꼬리표를 확인함으로써 통행료를 계산할 수 있게 하면 됩니다.

문제는 출발점이 많을수록 꼬리표의 종류 또한 많아진다는 것입니다. 신경계의 고속도로인 척추를 통해 서울인 뇌에 도달하는 신경 신호는 신체의 모든 부위가 출발점이 되므로 생명체는 어마어마하게 많은 꼬리표를 준비해야 한다는 말이 됩니다. 셀 수 없을 정도로 수많은 신호를 준비하고 처리함은 생존을 위협할 만큼 비효율적이므로 생명체는 진화 과정에서 꼬리표에 의한 신호의 구분이라는 방식 대신에 홀로그램이라는 독특한 방식을 택하게 됩니다.

이렇듯 신경 회로망의 입출력 과정이 취하는 홀로그램 방식의 특이한 점은 신경 회로망의 홀로그램이 시간의 축 위에서 구현되는 시공時空홀로그램이라는 것입니다. 시공홀로그램이라는 용어가 다소 생소할지도 모르겠습니다만 컴퓨터의 하드웨어라는 물질적 구조의 동작을 순차적으로 진행시키는 절차 기제인 알고리듬, 즉 소프트웨어의 구현 과정을 한 예로 생각하면 되겠습니다. 이렇게 시공홀로그램의 물리적인 형태는 신경 전류의 회절 현상인 바 의식의 문제는 신경 회절을 기반으로 하는 〈신경알고리듬〉이라는 새로운 개념으로 이해해야 할 것입니다.

뇌신경과학자인 칼 프리브람이 뇌의 작동 방식은 홀로그램 방식이라고 주장한 바 있습니다만 그의 주장은 조직학적 개념인 공간홀로그램을 염두에 둔 것으로 보입니다. 그러나 뇌신경의 구조는 공간홀로그램과 달리 순차적 작동을 가능케 하는 인과적인 힘을 갖춘 시공홀로그램의 구조로 되어 있습니다. 따라서 뇌의 특정 부위가 특정 기능을 담당한다는 식의 조직학적 분석을 통해서는 뇌가 보여주는 의식의 올바른 이해가 어려워 보입니다.

빛을 쪼여야만 제 기능을 발휘하는 공간홀로그램과 마찬가지로 시공홀로그램 또한 신경 전류가 흘러야만 제 기능을 발휘합니다. 즉 신경 회로망에 신경 전류가 흐름으로써 비로소 뇌에 의식이라 부르는 존재가 창발성으로 나타나게 되는 것입니다. 그래서 어쩌면 의식이라는 이름의 창발성은 신경 회로망의 회절 현상, 즉 신경 회절에 의해 나타나는 신경 전류의 간섭무늬라는 해석이 적합할는지도 모릅니다.

의식의 층위

의식이 단일 개체로 대접받기 위해서는 스스로를 하나의 개체로 인식할 수 있어야 합니다. 인식의 주체로서의 의식이라는 개념은 '나'

를 명시적으로 의미화함으로써 실재화 되는데 실재화가 바로 개체화를 뜻합니다. 그런데 '나'라는 존재를 명시적으로 인식할 수 없을 때도 의식이 하나의 개체로서 인정받을 수 있을까요?

동물의 경우는 '나'라는 존재를 명시적으로 인식하고 있는 것처럼 보이지는 않습니다. 만일 '나'를 명시적으로 인식하는 주체만이 의식으로서 대접받을 수 있다면 동물에게는 의식이 존재하지 않는다고 해야 합니다. 그런데 동물이 비록 '나'라는 존재를 인식하지 못한다고 해도 인식의 주체로서의 구실은 하고 있습니다. 그리고 다음과 같은 경우의 의식은 또 어떤 식으로 설명해야 할까요?

'나'가 잠들어 있을 때 '나'의 의식은 어디서 무얼 하는 것일까요? 그래도 잠들어 있을 때는 누군가 흔들어 깨우면 '나'의 의식은 어디선가 황급히 돌아오는 것처럼 보입니다. 그러나 '나'가 기절한 경우 '나'의 의식은 여간해서는 쉽게 돌아오지 않습니다. 이때 '나'는 어디서 무얼 하는 것일까요?

이렇게 의식이 돌아오지 않았다고 해도 몸으로서의 생리적 기능은 여전히 작동하고 있는데, 도대체 왜 '나'는 이런 '나'의 모든 것을 기억하지 못하는 걸까요? 이런 식으로 '나'의 의식과 무관하게 '나'의 몸이 작동하는 현상의 설명을 위해 인지과학자들은 무의식이라는 별개의 개념을 동원합니다. 의식이라는 개념을 사용하는 한 늘 무의식이라는 또 다른 문제가 마치 쌍둥이처럼 따라 나오는 불편함을 감수해야 합니다.

이런 추론을 거쳐 도달하게 되는 결론은 '나'라는 자기 지각의 의식은 결국 타자 지각의 확장일 뿐 별도의 실재로서 존재하는 것이 아니라는 사실입니다. 즉 내가 '나'로 인식되기 위해서는 '나'라는 개념의 3인칭으로서의 표현이 가능해야 합니다. 이렇게 '나'의 인식에는 '나'라는 이름을 붙이는 과정이 선행되어야 하므로 '나'로서의 인식은 언어의 발생 이후에나 가능한 사건임을 알 수 있습니다.

> 언어를 가진 마음은 언어가 없는 마음과는 너무 달라서, 그 둘을 다 같이 마음이라고 부른다는 것은 어쩌면 오류일지 모른다.
>
> – 데닛

일반적으로는 의식과 마음은 동일한 맥락에서 이해되고 있습니다. 다만 의식이라는 개념은 이성적인 면이 강한 데 비해 마음이라는 개념은 감성적인 면이 두드러진다는 차이점과 함께 말입니다. 그래서인지 흥미롭게도 이과인 뇌신경과학에서는 의식이라는 용어가 주로 사용되는 반면 문과인 심리철학에서는 마음이라는 용어가 자주 사용됩니다. 그러나 의식과 마음은 서로 차원이 다른 전혀 별개의 존재임을 유념해야 합니다.

여기서 '굳이 의식과 마음을 구분해야 하는가?' 하는 의문이 일어남직도 합니다. 하지만 이런 의문은 의식이 언어를 갖춤으로써 비로소 마음으로 탄생한다는 사실을 이해한다면 이 두 개념 사이의 구분은 자연스러운 일이 될 것입니다. 의식과 마음의 구분은 한낱 말장난이 아닙니다. 용어의 정확한 정의는 불필요한 논쟁을 줄여 준다는 사실을 잊지 말아야 합니다.

종종 의식이라는 존재를 여러 층위로 나누어 설명하려는 시도를 보게 됩니다. 그런데 왜 이렇듯 여러 층위의 의식이 필요한 것일까요? 의식의 연구 과정에서 굳이 여러 층위의 의식을 설정하려는 이유는 한 가지 형태의 의식만으로는 설명이 불가능한 다양한 심리적 상황들에 부딪혔기 때문일 것입니다.

이런 의식의 층위 설정 문제가 의식과 마음의 구분이라는 방법을 통해 해소될 수 있음을 제3장에서 살펴보겠습니다. 여기서 감각에 기초하는 의식이라는 존재와 달리 마음은 지각에 기초하는 특히 언어에 바탕을 둔 존재라는 점을 잊지 말아야 합니다. 그래서 의식의 층위의 문제는 결국 지각의 문제로 귀결됨을 보게 됩니다.

3. 인과관계에 매이는 과학

매일 아침 울타리에 나타난 러셀이 먹이를 주곤 했기 때문에, 오늘 아침에
도 칠면조는 울타리에 나타난 러셀을 보고는, 먹이를 받아먹으러 반갑게
다가갔다. 그런데 이 불행한 칠면조는, 오늘이 바로 추수 감사절이라는 사
실을 알지 못했다.

** 현상의 진화 문제

　백도형은 『과학으로서의 심리학』이라는 논문에서 과학과 인문학
의 구분에 대해 다음과 같이 이야기합니다.

　　　　　📖 "학문 분류에서 전통적인 방식의 하나는 방법론
에 따른 분류이다. 그리고 이러한 분류법은 근세 이후 현대에 이르기까지
학문의 분과화가 심화되면서 철학의 중요한 주제가 되어 왔다. 방법론에
따른 학의 분류 방식에서 가장 친숙한 것이 방법론적 이원론에 근거한 분
류이다. 즉 '과학'과 '인문학'의 구분이 그것이다. 그러나 근세 이후 자연과
학의 눈부신 발전은 종래에는 비과학에 속해있던 많은 분야도 과학성을
추구하게끔 이끌었다. 그러다 보니 '과학'이란 말이 어떤 분야만을 지칭하
는 명칭이 아니라, 모든 분야의 학문이 지향하는 목표가 되고 말았다. 그
래서 '과학적'이란 말은 이제는 학문의 분류 과정에서 특정한 학문 분야의

성격을 말해주는 서술적 표현이 아니라, 학문의 발전 정도를 말해주는 평가적 표현으로 되어 버렸다. 즉 '비과학적'이란 말은 과학과 구별되는 분야의 고유성을 표현하는 형용사가 아니라, 발전 정도가 낮은 분야를 멸시하는 언사가 되고 말았다."

그런데 과학이란 과연 무엇일까요? 과학은 동일한 입력은 동일한 출력을 제공한다는 규칙성을 정량적으로 다루는 방법론입니다. 자연의 규칙성은 같은 조건은 같은 결과를 낳는다는 인과관계와 동등한 개념이며, 또한 동일한 자극이 동일한 반응을 낳는다는 필연성과도 같은 개념입니다. 이들은 모두 재현성의 다른 이름입니다.

즉 필연성이 있는 현상은 반복적입니다. 그래서 과학은 과거의 사실을 설명할 수 있을 뿐만 아니라 미래의 사건 또한 예측할 수 있습니다. 그런데 과학의 대상인 사건은 실재일까요? 실재는 진실을 의미할까요, 아니면 단순히 사실만을 의미할까요? 그리고 현상은 존재의 결과일까요, 아니면 인식의 결과일까요?

인과관계에 기초하는 과학은 현상을 대상으로 하는데, 그 대상을 대부분 수학이라는 언어로 표현하고 있으므로 과학은 수학적 은유라는 정의가 가능해집니다. 여기서 한편으론 다행스러우면서 동시에 불행스러운 건 수학이라는 언어가 그 누구의 모국어도 아니고, 우리 모두에게 외국어라는 셈입니다. 따라서 수학은 결국 번역의 몫에 걸릴 수밖에는 없다는 결론에 이르게 됩니다.

이렇듯 과학이 언어로 표현되는 일종의 문화라면 일상 언어의 개념이 새로운 현상의 이해에 방해가 될 수도 있습니다. "인식 방식이

지각에서 지식으로 바뀌고 있는데, 문제는 우리의 언어가 지각하고만 관련되어 있다."라는 양자론의 창시자인 보어의 비판은 이런 의미에서 귀를 기울일 필요가 있습니다.

과학이 대상으로 하는 현상은 관찰을 바탕으로 해석됩니다. 관찰에는 관찰 수단이 필요한 법인데, 문제는 관찰 수단으로 인해 과학이 다루는 현상은 실제 세계에 대한 겉보기일 뿐이라는 사실입니다. 한편 과학의 법칙이 경계조건이 결정하는 상황 논리임을 고려한다면 법칙은 진화가 가능한 개념으로 과학적 현상은 결국 니체의 주장처럼 입장에 따른 해석으로 보아야 합니다.

> 우리가 대상에 의해 촉발되는 한에서, 대상이 표상 능력에 미치는 결과가 감각이다. 감각에 의해 대상과 관계 맺는 그런 직관은 경험적이라 일컫는다. [그리고] 경험적 직관의 무규정적 대상을 현상이라 일컫는다.
>
> - 칸트

인간의 인식에 대한 과정을 역사적으로 살펴보면 매우 흥미로운 사실을 알게 됩니다. 20세기 이전에는, 인식은 곧 존재이며 또 존재는 곧 인식으로, 인식은 항상 존재와 동등한 관계에 있었음을 알 수 있습니다. 인간의 인식 과정은 존재 자체에 아무런 영향도 끼치지 않는다고 가정되었던 것입니다.

그러다가 20세기로 들어오면서 인식은 관찰에 의존하므로 존재는 인식에 의존할 수밖에 없다는 문제가 물리학적으로 검토되기 시작합니다. 즉 관찰은 빛이라는 매체에 의한 것이므로 빛이 일단 물체에 부딪힌 후 인간의 눈에 도달함으로써 비로소 물체에 대한 인식이

가능하다는 것이 물리학적으로 고려되기 시작한 것입니다.

존재는 인식 그 자체가 아니라 정보의 전달과 해석 과정을 거침으로써 비로소 인식이 일어납니다. 이렇듯 존재는 인식에 의존할 수밖에 없다는 인식론의 부각은 존재론에 대한 과학적 반성의 의미를 갖습니다. 존재와 인식 사이에 끼어 있는 '틈'에 대한 과학적 반성 중 '공간의 틈'에 대한 탐구가 양자론이라는 이름으로 그리고 '시간의 틈'에 대한 탐구가 상대론이라는 이름으로 시작됩니다.

> 과학자는 이 세상이 그 자기 생각이나 행동과는 무관한 법칙에 의해 움직이는 완전체인 것처럼 행동할 것이다. 그러나 놀랍도록 단순한 법칙이나 전적으로 일반적인 것 혹은 우주의 완벽한 조화를 나타내는 것을 발견할 때마다 그는 자기 생각이 그 발견에 어떤 역할을 했는지 의심하고, 영원한 존재의 깊숙한 곳에서 자신이 본 아름다운 이미지가 이 영원한 존재의 속성을 드러내는지 아니면 그저 자기 생각의 반향인지를 생각해 보는 것이 현명할 것이다.
>
> – 토비아스 단치히

양자론과 상대론은 인간의 인식과 직접 연결되는 문제입니다. 존재와 인식 사이의 빈틈 문제를 좀 더 구체적으로 살펴보기 위해 다음과 같은 불가입성 명제를 살펴보겠습니다. "한 물체는 동시에 두 공간에 존재할 수 없으며, 두 물체는 동시에 한 공간에 존재할 수 없다." 이 명제에서 매우 자연스러워 보이는 '한 공간'이라는 개념과 '동시'라는 개념이 각각 현대물리학의 양자론과 상대론에 의해 위협을 받게 됩니다.

한 전자가 원자 내에서 넓은 공간에 퍼져 있다는 것을 받아들일

수 없는 인간의 인식론은 확률분포라는 해석에 의해 타협점을 찾고
자 하는 노력을 통해 양자론으로 이어집니다. 그리고 또한 인과율까
지도 위협하는 동시라는 개념의 이해에는 광속도 상한제의 도입과
보존 법칙의 포기를 각오하면서까지 타협점을 찾고자 하는 노력을
통해 상대론으로 이어지게 됩니다.

** 니체의 굴뚝과 입장주의

과학에서는 관찰의 대상인 관찰량이 중요한 핵심 역할을 합니다.
과학 지식은 현상을 관찰한 결과의 보고에서 비롯되는데, 특히 통일
적으로 설명이 가능한 관찰 결과를 모아 보편성을 추려냄으로써 마
침내 법칙을 정립하게 됩니다. 관찰의 보고 문제에는 당연히 관찰의
보고자가 있기 마련이겠고, 관찰의 보고자는 분명히 관찰자 자신일
것입니다.

과학 지식이 관찰의 보고에서 비롯됨에도 불구하고 정작 관찰의
보고자인 관찰자의 위치 문제는 객관성이라는 이름 아래 과학적 보
고 과정에서 도외시되곤 합니다. 그러나 관찰이 대상과 관찰자의 상
호작용의 결과인 이상 관찰의 보고 과정에서 관찰자의 위치 문제를
객관성이라는 이름 아래 완전히 배제할 수는 없을 것입니다.

남이 그의 주변을 둘러보는 사건은 내가 나의 주변을 둘러보는
사건과 다를 게 없습니다. 하지만 내가 남의 주변을 둘러보는 사건은
내가 나의 주변을 둘러보는 사건과는 사뭇 다르게 보입니다. 왜냐하
면, 남의 주변을 둘러보는 나의 위치가 남인 그의 위치와는 다르기

때문입니다. 이러한 관점의 상대성은 적응이라고 부르는 감각의 상대성과는 다른 개념입니다.

평행으로 뻗은 길이 하나 있습니다. 이 끝에 서 있는 나에게나 저 끝에 서 있는 그에게나 사실 길의 폭은 같습니다. 그러나 그가 서 있는 끝을 내가 바라볼 때는 내가 서 있는 끝의 폭보다 좁아 보입니다. 이른바 원근법의 문제입니다. 사람이 위치한 입장에 따라 사물이 다르게 인식된다는 현상을 니체의 원근법주의 또는 관점주의라 부르는데 여기서는 니체의 입장주의라고 부르겠습니다.

"화가 아저씨, 아저씬 저 길을 끝까지 안 가봤죠? 그러니까 이렇게 길 끝을 좁게 그렸지. 저 길은 끝까지 똑같은 폭이에요!"
'엉뚱한 나라의 세린'의 질문에 화가는 당황했다.
'원근법'이라는 화법을 과연 어떻게 설명해야 할까?

이와 같은 예로 평평한 지면에 수직으로 나란히 서 있는 원형의 두 굴뚝을 생각해 볼 수 있습니다. 니체의 주장과의 연관성을 살리기 위해 〈니체의 굴뚝〉이라는 이름을 붙이고자 하는 이 나란한 두 굴뚝을 똑바로 위에서 바라본 모습을 그림으로 그린다면 과연 어떤 모양이 될까요?

누구나 당연히 나란히 놓여 있는 두 개의 원을 떠올릴 것입니다. 물론 두 굴뚝의 단면이 각각 원이라는 데는 이의가 없을 것입니다. 하지만 실제로 그 두 굴뚝을 한 위치에서 바라보는데도 과연 두 개의 원으로 보일까요? 한 위치에서는 도저히 두 개의 원을 동시에 볼 수 없습니다. 따라서 두 개의 원이라는 표상은 오직 신의 관점에서만 가능한 그림이라고 니체는 주장할 것입니다.

니체의 굴뚝

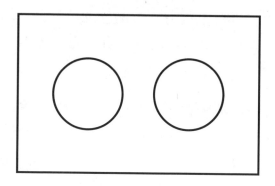

　니체의 입장주의가 모든 물체는 한순간 한 공간에 존재한다는 존재 원리를 기반으로 한다고 볼 때 그의 입장주의는 법칙이란 "경계조건이 결정하는 상황 논리다."라는 식의 확장이 가능해 보입니다. 그런데 이러한 존재 원리가 다른 한편으론 비동시성을 의미한다고도 해석할 수 있습니다. 그래서 니체의 입장주의는 결국 "모든 관찰은 비동시적이다."라는 비동시성 원리로도 볼 수 있습니다.

　비동시적 입장주의와 관련된 물리학적 예로는 양자론과 상대론을 생각해 볼 수 있겠습니다. 먼저 양자론과 관련해서 하이젠베르크가 주장한 불확정성원리를 살펴보면 하이젠베르크는 그의 불확정성 원리를 통해 물체의 위치와 속도가 불확실하다고 주장하는 것이 아닙니다. 그는 물체의 위치와 속도를 동시에 측정할 수 없다고 주장하는 것입니다. 즉 하나를 바라보는 순간 다른 하나는 놓칠 수밖에 없다는 비동시성에 관한 것입니다.

또 다른 물리학적 예로는 운동하는 물체에 대한 설명인 상대론을 들 수 있겠는데, 상대론은 상대적으로 운동하고 있는 두 세계에 관한 이론입니다. 즉 운동하는 남의 척도와 정지하고 있는 나의 척도 사이의 관계에 대한 설명으로, 정지하고 있는 내가 운동하고 있는 남을 본다면 그의 길이는 줄어들고 그의 시간은 느려진다는 주장입니다.

그런데 이렇게 상대론의 세계에서도 각자 자신이 속하는 세계의 척도의 측정값만을 알 수 있을 뿐 상대방이 속하는 척도의 측정값을 동시에 알 수는 없습니다. 이러한 비동시성의 관점과 관련해서 눈여겨볼 만한 논평이 하나 있습니다. '정지하고 있는 세계와 운동하는 세계를 동시에 비교하기 위해서는 제3의 관찰자가 필요하지 않은가?' 하는 라투르라는 인문학자의 의문입니다. 이와 관련된 이야기는 제4장에서 좀 더 자세히 논의하겠습니다.

•• 패러다임의 패러다임: 메타패러다임

"조류학이 새에게 유용한 만큼만 과학철학은 과학자에게 유용하다." 근거는 불분명하지만, 철학을 별로 탐탁하게 여기지 않았던 파인만이라는 물리학자의 발언으로 알려진 말입니다. 이 예에서도 알 수 있듯이 세상을 바라보는 방식은 실로 다양합니다. 하지만 크게는 이성적 태도와 경험적 태도로 나눌 수 있겠습니다. 이성적 태도가 세상에 대한 '설계도'가 이미 존재한다는 신념 아래 사물의 관계를 파악하려는 방식이라면 경험적 태도는 세상에 대한 '지도'를 작성해 나간다는 방식으로 사물의 관계를 파악하려고 합니다.

그런데 실제 세상은 인간에게 설계도나 지도가 아닌 '조리법'을 제공할 뿐이라는 입장이 또한 가능합니다. 조리법의 의미가 세상의 구성은 전적으로 인간에게 달려 있다는 뜻임을 생각한다면 "신념은 대상의 표상이 아니라 해석이다."라는 니체의 입장주의 선언이야말로 되새겨 볼 만합니다.

현상을 설명하는 과정에서 발생하는 편차를 단순히 오차로 볼 것인가 아니면 오류로 볼 것인가에 따라 인간의 이해 방식은 엄청나게 달라집니다. 편차를 오차로 보는 입장은 진리성의 해석에 입각한 관점이 되겠고, 오류로 보는 입장은 논리성의 해석에 입각한 관점이 되겠습니다. 진리성은 내용에 초점을 맞추는 반면 논리성은 형식에 초점을 맞추게 됩니다.

포퍼가 자연현상을 설계도에 의존한다고 보았다면 쿤은 자연현상은 퍼즐과도 같은 것으로, 즉 인간은 자연에 대한 지도를 구성할 수 있을 뿐이라고 보았습니다. 포퍼는 편차를 오차로 보았던 반면 쿤은 편차를 오류로 보았던 것입니다. 다시 말해 포퍼는 과학의 출발점이 진리라고 생각한 데 반해 쿤은 과학의 출발점이 가설이라고 생각했습니다. 그래서 포퍼는 지식이 객관적이라고 보았고, 쿤은 지식이 주관적이라고 보았던 것입니다.

철학자 출신이 과학을 바라본 포퍼의 과학철학은 반증을 중요한 수단으로 여기고, 과학자 출신이 철학을 바라본 쿤의 과학철학은 검증을 중요한 수단으로 여깁니다. 진리의 존재를 굳게 믿은 포퍼는 "진리가 승자다."라고 주장하는 데 반해, 객관성에 회의를 품은 쿤으로서는 "승자가 진리다."라고 주장하게 됩니다. '정확성accuracy'이라는 절대성에 집착하는 포퍼의 입장은 유혈 계승으로 과학 왕국에서 왕의 교체를 의미하지만, '정밀성precision'이라는 상대성을 주장하는 쿤의 입장은 무혈 혁명으로, 과학 왕국에서 왕조의 교체를 의미합니다. 포퍼의 주장이 치열한 반정을 연상케 하는 반면, 쿤의 주장은 반란임에도 대체로 평온해 보입니다.

쿤은 『과학혁명의 구조』라는 저술에서 일정한 시기의 모형 문제와 풀이를 제공하는 과학적 성취에 대해 '패러다임'이라는 개념을 제안합니다. '패턴'을 의미하는 그리스어 '파라데이그마'에서 유래한 '패러다임'은 언어학에서 한 종류의 어형 변화에 내포된 규칙성을 나타내는 대표 사례를 의미합니다.

쿤의 목적은 이미 알고 있는 데이터에 대해서 인지와 평가상의 변화를 촉구하는 것이었지만, 개념의 모호성으로 인해 논란을 일으키게 됩니다. 결국, 쿤은 책의 제2판에서 패러다임이라는 용어 대신에 새로운 용어의 사용을 주문하기에 이릅니다. 그런데 왜 쿤은 애초에 패러다임이라는 언어학적 용어를 차용했던 것일까요?

쿤은 과학의 전파 과정에서 아마도 언어의 학습 과정과 유사한 방식을 느꼈을 것입니다. 즉 비트겐슈타인이 주장한 '가족 유사성'과 흡사한 속성이 과학적 현상 사이에도 존재함을 간파했을 것입니다. 그렇다면 쿤은 당연히 과학의 전파 과정에 대한 설명을 위해 언어학의 패러다임이라는 개념의 활용을 생각했을 것입니다.

인간이 사용하는 언어에는 여러 어휘가 존재하지만, 이들의 어형 변화는 몇 종류로 분류가 가능합니다. 한 종류의 어형 변화에 대한 규칙을 정의하기 위해서는 그 종류에 속하는 모든 어휘가 아니라 대표적인 한 어휘를 전형으로 예시하면 됩니다. 이렇게 선택된 대표 사례 어휘가 하나의 전형, 즉 범주로서 바로 패러다임인 것입니다. 그렇다면 패러다임은 범주의 예시로 볼 수 있겠습니다.

자연에 대한 과학적 이해가 언어학의 경우와 같아 보이는 이유는 변화의 규칙성에 대한 이해가 가족 유사성에 의한 범주화를 통해서 일어나기 때문입니다. 여기서 하나의 규칙성을 설명하기 위해 그 규칙성에 속하는 현상을 일일이 다 열거할 필요는 없습니다. 단지 그 규칙성에 포함된 대표적인 현상을 하나 선택해서 하나의 틀, 즉 범주로서 이해하면 됩니다.

이렇게 패러다임은 변화에 내포된 규칙성을 설명할 수 있는 하나의 전형을 뜻하는 개념으로 범주화를 위한 일종의 지표입니다. 여기서 가족 유사성을 통해 대표적인 사례로 선택된 대표 설명이 하나의 주형으로서 쿤이 말하는 패러다임인 것입니다. 즉 쿤의 패러다임은 입장의 범주를 뜻한다고 볼 수 있습니다.

과학자를 중심으로 하는 문명인은 과거는 미개하다는 문명의 법칙을 신봉합니다. 쿤은 이러한 믿음이 잘못된 것으로 사실은 그저 패러다임의 차이일 뿐이라고 반발합니다. 아리스토텔레스의 물리학은 뉴턴 물리학과 비교하면 열등한 것이 아니라 단지 이해의 틀이 다를 뿐이라는 것입니다. 코페르니쿠스의 혁명 또한 마찬가지입니다. 이전의 천동설은 천체의 운동을 지구에서 바라본 이론인데 반해 지동설은 태양에서 바라본 이론입니다. 그런데 우주에는 영원히 움직이지 않는 별은 존재하지 않기 때문에 천체 운동의 기준이 되는 고정점은 찾을 수 없습니다. 즉 천동설과 지동설은 입장의 차이로 가치의 문제일 뿐, 옳고 그름의 문제가 아니라는 풀이입니다.

언어학에서의 패러다임을 보면 동일한 유형의 변화에 대해 틀린 전형이 아니라 다른 전형이 가능합니다. 과학의 패러다임에서도 마찬가지로 동일한 규칙성에 대해 틀린 주형이 아니라 단지 다른 주형이 적용됐을 뿐이라는 생각입니다. 다름이라는 성질은 패러다임 상호 간에 통약 불가능성이라는 개념을 낳게 됩니다.

이때 틀림의 문제는 진위의 문제로 선택의 여지가 없는 반면 다름의 문제는 선택에 의해 결정되는 문제입니다. 그런데 선택의 문제는 곧바로 배후 집단의 규모와 세력에 의존하게 됩니다. 그래서 쿤은 과학자라는 전문가 집단이 배후 집단으로서 과학의 전파 과정에 결정적인 역할을 하게 된다고 주장합니다. 배후 집단은 점차 힘을 갖게 되고, 그들이 신봉하는 패러다임은 마침내 과학의 통치 이념으로서 자리 잡게 됩니다. 이것이 패러다임이 겪는 변모의 과정으로 그 의미의 해석에 오해를 낳는 이유로 볼 수 있겠습니다.

패러다임의 의미가 불투명해지자 마침내 제안자인 쿤 자신도 명칭을 바꿀 것을 권고합니다. 그렇다면 그 진정한 의미를 점검하는 차원에서 『과학혁명의 구조』를 독해할 때 '패러다임'이라는 단어를- 정확히는 '면허된 입장'이지만 대충 -'입장'이라는 단어로 바꿔 읽으면서 드러나는 문맥의 훼손 빈도를 검사해 보는 실험도 흥미로울 것입니다. 과연 문맥의 훼손이 어떤 비율로 발견될까요?

한 사물에 대한 의견은 니체의 입장주의에 따라 여럿이 가능합니다. 이러한 입장의 집합인 입장군을 '니체군'이라 칭할 때 니체군은 '입장'이라는 원소 사이에 서로 공통점이 있는 제1종 니체군과 서로 공통점이 없는 제2종 니체군으로 나눌 수 있습니다. 쿤은 서로 공통점이 없는 제2종 니체군을 '패러다임'이라는 이름으로 부르고 공통점이 없다는 특징을 '통약 불가능성'으로 부르는 한편 공통점이 없는 입장의 변화를 '혁명'으로 지칭했다고 볼 수 있겠습니다.

패러다임의 원조인 언어학은 인위적으로 만들어진 체계이므로 만일 어형 변화의 예외가 발견된다면 추가 패러다임으로 등록함으로써 문제가 해소됩니다. 그러나 자연현상은 패러다임이라는 개념을 적용하기에는 너무 많은 층위와 범주 및 예외가 존재합니다. 그런데 다행히도 입장의 집합인 니체군은 수렴이라는 특성을 지닙니다. 그래서 자연에 대한 인간의 지식은 독립적인 개념의 패러다임을 따르는 것이 아니라 패러다임의 패러다임, 즉 〈메타패러다임〉을 따라 형성된다는 새로운 모형이 가능해 보입니다.

뉴턴의 운동법칙

$$㉠\{\,F = m \times a\,\} \Leftrightarrow ㉡\{\,動 = 重 + 力\,\}$$

** 서양의 지혜

제1장에서 생물학을 과학의 범주에 넣기에는 왠지 약간 넘쳐 보인다는 이야기를 했습니다만 사실 우리가 지금 과학이라고 부르는 개념의 대부분은 물리학이 차지하고 있다고 보아야 할 것입니다. 그래서 과학의 발전사를 알아보는 작업은 실제로는 물리학의 발전사를 훑어보는 것이나 진배없습니다. 어쨌든 과학의 발전사를 더듬어 보는 일은 마치 인간의 인지능력의 발전 과정을 들여다보는 것 같아 매우 흥미로운 과제입니다.

물리학은 자연의 변화를 힘이 작용한 결과로 이해하려는 노력입니다. 앞 글상자에서 보인 뉴턴의 운동법칙에 대한 영어식 표현인 ㉠ $F = m \times a$와 한자식 표현인 ㉡動 = 重 + 力을 통해 언어와 문화의 관계 문제를 살펴보겠습니다. ㉠$F = m \times a$의 형식이 운동에 대한 서양의 이해 방식이라면 ㉡動 = 重 + 力의 형식은 운동에 대한 동양의 이해 방식으로 볼 수 있습니다.

이 두 가지 표현 방식을 서로 비교해 본다면 어느 경우가 우리의 일상적 경험과 잘 일치할까요? 우선 ㉡의 경우를 보면 물체[重]와 힘[力]을 합침으로써, 즉 물체[重]에 힘[力]을 가함으로써 움직인다는[動] 뜻이 되어 물체와 힘과 움직임에 대한 일상에서의 경험을 그대로 잘 나타내고 있음을 알 수 있습니다.

그렇다면 ㉠의 경우는 어떨까요? ㉠은 질량[m], 즉 물체에 움직임[a]을 합침으로써 다시 말해 물체[m]를 움직여야[a] 비로소 힘[F]이 된다는 뜻입니다. 이 경우 힘의 정의定義로서는 제법 훌륭하다고 할 수 있을지 모르겠지만, 일상에서 흔히 일어나는 물체와 힘과 움직임의 관계가 쉽게 눈에 들어오지는 않습니다.

경험에 따른 표현이라면 동양식 관점이 상식적으로 보여 더 이해가 쉽습니다. 그러나 분석적 입장에서 본다면 상황이 바뀝니다. 분석적 입장의 경우는 개념의 측정 가능성이라는 문제가 개입하기 때문입니다. 즉 측정의 관점에서 본다면 힘[F]의 경우보다는 물체의 질량[m]과 움직임을 뜻하는 가속도[a]의 경우가 훨씬 더 측정이 쉽기 때문입니다.

㉠의 경우는 측정이 용이한 변수를 이용하여 측정이 힘든 변수를 설명하고 있습니다. 그런데 ㉡의 경우는 거꾸로 측정이 힘든 변수를 이용하여 측정이 용이한 변수를 설명하고 있습니다. 따라서 ㉡의 경우보다는 ㉠의 경우가 더 합리적입니다. 왜냐하면, ㉠의 경우는 결과의 확인이 쉽고 확실한 반면 ㉡의 경우는 결과의 확인이 어려운 상황이기 때문입니다.

여기서 운동과 관련된 동서양의 시각 차이에 대해 한 가지 중요한 점을 짚고 넘어가야 하겠습니다. 동서양이 모두 같이 운동의 변화를 인지했다고 방금 얘기했습니다만 사실은 인지 이력에 미묘한 차이가 있습니다. 즉 동양은 그저 힘과 움직임이라는 결과적인 인과관계만을 주시한 반면 뉴턴은 그가 거인이라고 표현한 갈릴레오라는 선배의 도움에 힘입어 움직임의 변화인 원인에 주목했습니다.

17세기 초에 갈릴레오는 가속도 운동에 관한 공식을 유도하면서 "지금은 가속도의 원인을 규명할 적절한 시기가 아닌 것 같다."라는 말과 함께 가속도의 원인에 대한 탐색을 유보합니다. 이를 이어 뉴턴이 움직임의 변화인 가속도의 원인이 힘과 관련된다는 생각에 이르게 됩니다. 그리고 이런 생각을 자신이 창안한 미적분이라는 수학을 이용해서 표현한 것이 앞 글상자의 운동법칙인 것입니다.

어쨌든 동양은 뉴턴보다도 이전에 이미 운동의 개념을 이해하고 있었고, 일상의 경험과 가까운, 이해가 쉬운 표현으로 수천 년 전부터 사용해 왔음에도 불구하고 정작 분석적 입장에 바탕을 둔 과학은 오히려 일상의 경험과 먼 표현을 사용한 서양에서 발전하게 됩니다. 이렇게 운동의 이해를 포함한 과학적 표현을 통해서도 언어가 합리적 사고에 얼마나 큰 영향을 끼치는지를 알 수 있습니다.

자연의 인식에는 모형이 이용되는데 과학에 단골 메뉴로 등장하는 것이 바로 환원 모형입니다. 환원은 많은 수의 현상을 적은 수의 원리로 설명하는 방식입니다. 환원 모형은 앞 글상자의 표현처럼 위로 올라갈수록 개념의 폭이 줄어드는 보양새로 볼 수 있겠습니다. 즉 상위개념은 하위개념을 통해 모두 설명이 가능하다는 관점인데, 이 모형의 그림은 왠지 더 적은 것으로 더 많은 것을 설명하겠다는 환원의 원래 취지에서 벗어나는 느낌이 듭니다.

창발 모형

| 사회학 |
| 인문학 |
| 생물학 |
| 화　학 |
| 물리학 |

　그런데 현실적으로 문제가 있습니다. 환원 방식으로는 설명이 불가능한 창발성이라는 현상 때문입니다. 창발성이라는 개념은 앞 단계에서는 없던 성질이 뒤 단계에서 나타나는 현상을 일컫는 개념입니다. 예를 들어 원자들의 집합인 분자는 결합이라는 과정을 통해 그 구성 원자들이 갖지 못하는 새로운 속성을 나타내게 됩니다.

　창발성은 부분의 합으로 이루어진 전체가 그 부분의 합 이상의 값을 추가로 나타내 보이는 성질인데, 전체에서 부분의 합을 뺀 값으로 나타낼 수 있다고 앞서 설명한 바 있습니다. 비록 동일한 원자들을 성분으로 갖는다 할지라도 배열 방식의 차이에 따라 각각의 분자는 서로 다른 창발성을 보이게 됩니다.

　창발 모형은 앞 글상자의 도식에서 보듯이 개념적 표현이 환원 모형과는 반대의 형태를 보인다고 볼 수 있겠습니다. 즉 창발 모형은 상위개념 쪽으로 올라갈수록 개념의 폭이 넓어지는 모양새로 하위개념으로는 설명이 불가능한 부분이 상위개념에 존재한다는 관점입니다. 그런데 창발성은 무지의 미화일 뿐이라고 여기는 이들은 뒤집힌 환원 모형인 창발 모형을 인정하려 들지 않습니다.

철학적 수하물을 불법 적재한 과학은 있어도 철학이 없는 과학은 없다.

- 데닛

제3장

가상현실의 신화
: 인간의 삶

1. 언어가 구축하는 가상공간

이주민이 물었다. "저기 뛰어가는 동물의 이름이 무엇이요?"
원주민이 대답했다. "당신이 뭐라는지 모르겠소!"
이주민이 고개를 끄덕였다. "잘 알겠소! 캥거루!"

•• 알파와 베타

아리스토텔레스는 자기가 기르고 있는 '알파'라는 강아지가 옆집에서 플라톤이 기르고 있는 '베타'라는 강아지와 서로 다르다는 것을 알고 있습니다. 그러나 앞집에서 소크라테스가 기르고 있는 '감마'라는 고양이와 비교한다면 '알파'와 '베타'는 강아지이므로 서로 같다는 것 또한 잘 알고 있습니다. 즉 '알파'와 '베타'는 다르면서 같습니다. 서로 다른 이유는 각각 특정의 강아지를 가리키고 있기 때문이고, 서로 같은 이유는 모두 강아지라는 한 부류에 속하고 있기 때문입니다.

'알파'와 '베타'는 각각 서로 다른 강아지라는 개체를 가리키므로 분명히 존재합니다. 그러면 '강아지'라는 것도 존재하는 것일까요? 존재한다면 '강아지'라는 것은 어디에, 어떻게 존재하는 것일까요? 그런데 잠깐, '강아지'라는 것은 대체 무엇을 가리키는 것일까요? '알파'라는 강아지와 '베타'라는 강아지의 존재는 감각적으로 받아들일 수 있습니다만 '강아지'라는 존재 또한 감각적으로 받아들일 수 있는 것일까요? 과연 존재란 무엇을 뜻하는 것일까요?

'알파'와 '베타'라는 개별적인 존재에 비해 '강아지'라는 존재는 개별적인 존재의 범주를 나타내는 존재라고 아리스토텔레스는 보았습니다. 그렇다면 존재의 범주를 나타내는 존재는 '존재의 존재'가 되는 셈인데, 과연 '존재의 존재'도 존재한다고 해야 할까요? 아리스토텔레스는 개체를 나타내는 존재를 개별자라는 이름으로 불렀고, 개별자보다 더 포괄적인 존재인 '존재의 존재'를 보편자라는 이름으로 불렀습니다.

그래서 서로 다른 이름인 '알파'와 '베타'는 개별자가 되고, 서로 같은 이름인 '강아지'는 보편자가 됩니다. 마치 범주와도 같은 역할을 하는 보편자는 범주의 내용인 개별자와는 전혀 다른 문제로, 보편자는 결국 범주 자체의 문제가 된다는 것을 아리스토텔레스는 알았을 것입니다.

방금 살펴본 아리스토텔레스의 개별자는 자연에서 생성되어 소멸되는 존재로 범주 내에 속하는 범주-의존적 존재입니다. 반면 그의 보편자는 소멸되지 않는 '존재로서의 존재'로 범주의 내용과 무관한 범주-독립적 존재입니다. 그런데 아리스토텔레스의 보편자는 초월적 세계에 존재하는 이데아라는 플라톤의 보편자와는 달리 개별자 안에 내재하는 존재입니다. 그래서 어쩌면 플라톤의 이데아보다도 아리스토텔레스의 보편자야말로 진정한 관념의 효시라고 할 수 있을는지 모릅니다.

아리스토텔레스는 세상의 모든 존재를 개별자와 보편자라는 두 개의 부대 자루에 쓸어 담을 수 있다고 생각했던 것으로 보입니다. 그는 "A는 B이다. [A=B]"라는 문장에서 나타나는 {주어+술어}의 관계인 문법의 문제를, "A이면 B이다. [A→B]"라는 조건문의 관계인 논리적 진술의 형식으로 파악하고자 했습니다. 그리하여 그는 A와 B에 각각 개별자와 보편자를 대입시킴으로써 마침내 연역이라는 논리학의 골격을 세우게 됩니다. 그리고 아리스토텔레스 이후 철학은 논리학을 근거로 형식을 갖추게 됩니다.

ᵒᵒ 언어에 뿌리가 존재할까?

인과성은 습관의 선호에 따른 결과일 뿐이라며 오직 개별자의 존재만을 인정한 굿맨의 "우리는 마치 벽돌을 만들듯이 언어 혹은 상징을 자료로 별을 만든다."라는 진술은 우리로 하여금 언어의 근원에 대해 돌아보게 합니다. 언어의 유래와 관련해서는 아무래도 처음에 서로의 경험을 공유하기 위해 시작되었다는 설명이 설득력 있어 보입니다. 즉 인간이 주위에 있는 사물들의 구별을 위한 공통점과 차이점의 인식을 공유하기 위한 필요성이었을 것입니다.

이렇듯 행태의 형상화인 언어는 점차 인간으로 하여금 '지금·여기'의 사건을 넘어서 다른 시간과 다른 공간의 사건인 '그때·거기'까지도 지각할 수 있게 해줍니다. 그리고는 마침내 공유의 한계가 무한의 지평으로 확장되기에 이르면서 니체가 말하듯 인간은 동물과 달리 '순간의 말뚝'에서 놓여나게 됩니다. 소통의 기술로서의 언어는 한층 더 세련된 형태로 다듬어지면서 처음에는 기호가 사용되었고, 기호는 점차 상징으로 변화하여 발전하게 됩니다.

여기서 기호와 상징의 차이를 살펴보면 기호는 문맥 의존성이 없는 반면에 상징은 문맥과 밀접한 연관성을 갖고 공통된 특징을 보인다는 점입니다. 화살표의 경우를 예로 들어 보겠습니다. 위쪽을 향하게 그린 화살표와 아래쪽을 향하게 그린 화살표는 기호적 측면에서 보았을 때는 공통점이 전혀 없는 서로 다른 실체로 취급됩니다. 하지만 상징적 측면에서 보았을 때는 '방향'이라는 특징을 공통으로 나타내는 같은 종류의 실체가 됩니다. 인간이 화살표를 상징으로 이해하는 데 비해 원숭이는 화살표를 기호로써만 이해합니다.

언어의 구조는 상징이라는 구성 원소와 이들 구성 원소 간의 결합 규칙인 문법으로 이루어짐을 알 수 있습니다. 그리고 구성 원소인 상징은 다시 음성 또는 문자라는 형식과 의미라는 내용으로 이루어집니다. 어린 시절 붉은 옷을 입고 아름답다는 이야기를 들은 아이에게는 '아름답다.'라는 개념이 '붉은색'과 자연스럽게 연결되어 의미를 갖게 됩니다. 그러나 파란 옷을 입었을 때 아름답다는 이야기를 들은 아이에게는 '아름답다'라는 개념 속에 자연히 '파란색'의 개념이 겹쳐서 형성됩니다. 이렇듯 언어는 습득 과정에서 개인적 체험에 의존하는 사적 영역과 통용 과정에서 사회적 통념에 의존하는 공적 영역의 두 부분으로 이루어집니다.

'플라톤의 수염'은 '둥근 4각형'이라든가 '대머리 프랑스 왕' 등 단어로는 존재하지만, 실제로는 존재 여부를 알 수 없는 개념들의 원조 격입니다. 인간은 단어가 존재하면 대응하는 실체도 존재할 것이라고 쉽게 믿어버립니다. 비록 독립적으로는 의미가 분명한 지각표상일지라도 이들을 강제로 결합하면 의미의 상충 문제가 발생하고, 자연에서는 볼 수 없는 괴물이 탄생하게 됩니다.

아리스토텔레스가 정의한 개별자의 집합은 구성 원소가 구체적인 특정 사물로 이루어져 있으므로 부분집합의 형성에 있어서 어떠한 혼란도 있을 수 없습니다. 하지만 보편자라는 개념은 구체적인 개별 사물이 아니라 개별 사물이 속하는 범주를 나타내므로 범주가 구성 원소가 되는 보편자의 집합은 부분집합의 형성에 있어서 개념적 혼란을 일으킬 수 있게 됩니다.

개념적 혼란 문제는 라일이라는 철학자가 지적했던 '범주적 오류'의 문제로 이어지는데, 뒤 글상자에 인용한 비트겐슈타인의 주장이야말로 이런 문제의 핵심을 명확히 드러내 보입니다. 비트겐슈타인의 주장은 개별자와 보편자의 무분별한 사용 문제를 포함한 언어의 남용에 대한 심각한 경고라고 할 수 있겠습니다.

> 정의할 수 없는 걸 정의하도록 우리를 유혹하는 함정이 바로 언어다.
>
> -비트겐슈타인

** 의미의 의미

여러분이 초등학생들에게 영어를 가르칠 기회를 얻게 되었다고 가정해 보겠습니다. 영어 문법의 2형식을 설명하면서 예문을 적으라는 시험 문제를 냈을 때 만일 한 학생이 "I am a book."이라는 답안을 제출했다면 여러분은 어떤 생각이 들겠습니까? 그 답에 과연 점수를 주어야 할까요? 이 학생의 답안은 문법에 비추어 볼 때 주어-동사-보어라는 영어 문법의 2형식에 들어맞는 올바른 문장입니다.

그런데 "나는 책이다."라니요? 이 문장은 문법이 아닌 의미상으로 보아 제대로 된 문장이라고 하기에는 왠지 문제가 있어 보이지 않습니까? 그렇다면 올바른 문장이란 어떤 문장을 가리키는 것일까요? 형식만으로는 문장의 옳고 그름을 분간할 수 없는 것이고 반드시 내용의 문제를 함께 고려해야 하는 것일까요?

의미란 과연 무슨 의미일까요?

비트겐슈타인이 『논리·철학 논고』를 저술한 후 철학을 완성했다고 생각하고, 고향인 오스트리아로 돌아가 초등학교 교사를 했던 사건은 유명합니다. 그는 왜 『논리·철학 논고』 저술 후 철학이 완성되었다고 생각한 것일까요? 고향으로 돌아가기 전의 이른바 전기 비트겐슈타인은 철학의 문제가 언어의 문제라고 보았습니다. 그래서 그는 언어를 논리적으로 분석하고 이해하게 된다면 철학의 모든 문제는 저절로 해결된다고 믿었던 것입니다.

언어란 인간의 창작물입니다. 인간은 자기가 만든 것을 논리적으로 이해하고 분석할 수 있으므로 언어 또한 당연히 논리적으로 분석하고 이해할 수 있어야 한다고 그는 생각했을 것입니다. 그리고 그러한 노선에 맞추어 생각을 전개했을 터이고, 나름대로 결론도 얻을 수 있었을 것입니다. 그런데 고향에서 가족의 집을 설계하고 지어주는 등 건축 일에 종사하던 그가 만약에 지인으로부터 '둥근 4각형'의 다락방을 지어달라는 부탁을 받았다면 어떠했을까요?

비트겐슈타인은 왜 다시 런던으로 돌아와 후기 비트겐슈타인이 된 것일까요? 오스트리아의 고향으로 돌아가 초등학교 교사를 했던 비트겐슈타인은 고향에서 '벌거벗은 임금님'이 된 자신을 발견했을 것입니다. 여태껏 철학이 훌륭한 옷을 입고 있다고 생각했던 그의 생각은 여지없이 깨어지고 철학자란 단지 벌거벗은 임금님에 불과하다는 것을 깨닫게 되었을 것입니다. 즉 그는 고향에서 초등학교 교사를 하며 아이들을 통해 언어의 발생 과정을 되짚어 보게 되면서 언어에 대한 반성의 기회를 갖게 되었을 것입니다.

> 우리는 여전히 그리스인들과 똑같은 철학적 문제들에 사로잡혀 있다. 왜냐하면, 우리의 언어는 우리를 계속 미혹시켜서 같은 질문을 던지게 하기 때문이다.
>
> – 비트겐슈타인

전기 비트겐슈타인에게 문제가 되었던 것은 이미 성숙한 언어였습니다. 소위 철학이라고 부르는 장에서 사용되고 있는 용어들은 이미 논리적으로 자리가 잡힌 성숙한 언어들이었습니다. 그런데 언어라는 존재는 언제 성숙되고, 어떻게 의미를 얻게 되며, 또 어떤 식으로 논리적 구성을 갖추게 되는 것일까요? 과연 성숙한 언어이 이미는 탄생 때부터 논리적으로 완전하게 확립된 것일까요?

전기 비트겐슈타인이 언어를 인간의 '발명품'으로 본 반면 후기 비트겐슈타인은 언어를 인간의 '발견품'으로 보게 됩니다. 즉 전기 비트겐슈타인이 "언어는 논리다."라는 입장에서 논리를 사용하여 언어의 문제를 풀었다면, 후기 비트겐슈타인은 "논리는 언어다."라는 뒤집힌 입장에서 언어 자체가 문제가 되었던 것입니다. 언어는 더 이상 논리의 문제가 아니었습니다. 거기에는 오직 사용만이 존재했습니다. 언어의 뿌리는 오랜 세월 속에 묻혀 녹아 버렸기 때문에 제대로 찾을 수가 없습니다.

그는 마침내 언어가 신기루를 만들어 내는 것을 목격하게 됩니다. 언어가 존재하는 한 그로부터 발생하는 신기루를 제거할 수는 없습니다. 신기루란 바로 언어, 그 자신의 그림자이기 때문입니다. 그는 수천 년 전에 석가가 양구良久로 표현했던 그 무엇을 느꼈을 것입니다. 그의 스승이었던 러셀 또한 인간의 문제가 언어에서 비롯된다는 점을 알고 있었습니다. 하지만 스승인 러셀과는 기질이 판이한 그는 러셀의 뒤를 따를 생각이 전혀 없었습니다.

사실 러셀의 철학은 비트겐슈타인이 생각했던 것처럼 천박하기만 한 것은 아닙니다. 더러 잊힌 채로 있긴 하지만 러셀의 영토에는 특수자의 개념 등 비옥한 토양이 존재합니다. 자연의 존재에는 사물의 이름을 나타내는 개별자와 그 개별자들이 속하는 범주를 나타내는 보편자가 있다고 아리스토텔레스는 주장합니다. 그런데 보편자에는 상대적 보편자가 존재합니다. 이러한 상대적 보편자는 현상적 존재에 속하지 않고 러셀이 특수자라고 부른 경우처럼 추상적 존재에 속하게 됩니다.

상대적 보편자는 마치 개별자처럼 특정 사물을 가리키는 데 사용됩니다만 그 개별자에 한정되지는 않습니다. 그래서 마치 보편자와도 같은 역할을 함께 합니다. 러셀은 언어의 의미 문제를 탐구하던 중 지시사, 즉 상대적 보편자인 특수자의 문제가 아리스토텔레스의 논리 체계를 벗어남을 알았던 것 같습니다. 그러나 특수자가 결국은 보편자의 한 유형임을 제대로 알아차리지 못한 러셀은 특수자의 제시에서 그치고 맙니다.

어쨌든 점차 무뎌지는 비트겐슈타인의 칼날로는 의미의 의미라는 언어 문제에 대해 어찌해 볼 도리가 없었을 것입니다. 그는 타당성과 진리성의 문제를 제기할 수는 있었지만 풀어내지는 못합니다. 아니 풀이 자체가 불가능하다고 생각했을는지도 모릅니다. 그래서 그의 저술은 철학의 참고서가 아니라 문제집이 되고 맙니다. 물론 좋은 문제집이긴 합니다만.

> 언어를 배움은 단순히 문자나 음을 배우는 것이 아니다.
> 언어를 배움으로써 그것이 표현하는 관념이 바뀌게 된다.
>
> — 룻소

관념으로 이루어지는 가상공간

제1장에서 얘기했듯이 인간은 관념을 메타경첩으로 활용하면서 언어의 세계로 늘어서게 됩니다. 즉 인간은 관념에서 비롯되는 개념의 연결 방식을 체계화함으로써 마침내 언어라는 기적을 완성합니다. 이 과정에서 언어의 컴파일 능력은 감각 자료를 코드화함으로써 입력 정보의 양을 실로 엄청나게 압축할 수 있도록 해 줍니다.

인간은 언어를 사용하게 됨으로써 감각을 통해 입력되는 미가공 자료의 코드화에 성공합니다. 즉 언어를 이용한 컴파일은 기억의 저장 과정에서 입력 정보를 엄청난 비율로 압축할 수 있도록 해 줍니다. 이 과정은 〈BMP〉 방식에서 〈JPG〉 방식으로 진화한 컴퓨터 프린터의 그림 파일 처리 과정과 비교해 보면 이해가 쉬워질 것입니다.

이렇게 인간은 일정한 용적이라는 두뇌의 물리적 공간상의 제약 문제를 언어의 컴파일에 의한 정보량의 압축이라는 독특한 방식으로 해결하게 됩니다. 즉 두뇌의 용량과 관련해서 구동장치인 하드웨어적 확장이 아니라 구동절차인 소프트웨어적 확장이라는 특단의 해결책이 마침내 인간으로 하여금 용적을 초월한 두뇌의 실질적 확장을 성취할 수 있게 해 주었고, 또한 한정된 용량의 두뇌를 실질적으로 증폭하여 사용할 수 있게끔 해 줍니다.

진화의 최종 결과인 고급 자극 처리 기제, 즉 인간의 마음은 언어라는 입력을 처리하여 정보로 출력하는 기제입니다. 언어는 인간의 지각 능력을 무한으로 확장시켜 줄뿐만 아니라 관념으로 이루어지는 위상공간이라는 가상공간을 만들어 내서는 여기에다 현실의 과정을 모사하는 현실 세계의 모형을 구축함으로써 실재로서 해독되는 가상현실을 구현시켜 줍니다.

가상현실은 위상공간에 그려지는 관계 지도인데 위상공간은 상대적 관계만이 의미를 갖는 공간으로 위상공간의 구조는 가치를 축으로 이루어집니다. 위상공간에서 일어나는 위상 지각이 마음이므로, 마음의 세계는 곧 가상현실의 세계입니다. 가상현실의 중요한 기능은 가상자극의 생성이 가능하도록 해 준다는 것입니다. 이러한 가상자극은 인체의 생리적 자극—반응 사슬에 중간 진입함으로써 실제 자극과 마찬가지로 실제 반응을 일으키게 됩니다.

사피어 워프 가설

언어가 인지와 사고를 결정한다.
단어가 없으면 해당 개념도 없다.

언어는 관념을 통해 위상공간이라는 가상공간을 만들어 내고 여기에 현실 세계의 모형을 구축함으로써 실재로서 해독되는 가상현실을 구현시켜 준다고 앞에서 이야기한 바 있습니다. 가상현실은 이러한 위상공간에 그려지는 상호 관계에 대한 지도와도 같은 존재인데, 위상공간에서의 관계 설정은 가치 매김을 뜻합니다.

언어가 만들어 내는 신기루와도 같은 의미의 문제는 결국 이를 풀어내는 인간의 마음과 관련되어 있습니다. 비트겐슈타인의 '상자 속의 딱정벌레'라는 문제는 바로 이러한 언어와 마음의 관계에 대한 비유로 볼 수 있겠습니다. 즉 누구나 가지고 있는 상자 속에 과연 모두 똑같은 딱정벌레라는 것이 들어 있느냐 하는 질문은 바로 누구나 사용하고 있는 언어의 이면에 과연 모두 똑같은 의미, 즉 마음이라는 것이 존재하냐 하는 질문으로 볼 수 있겠습니다.

인간과 동물 사이의 가장 큰 차이점은 언어입니다. 인간이 위약 효과를 나타내 보인다든가 또는 일주일 중 월요일에 가장 많이 사망하는 생물종이 된 까닭 또한 언어 때문이라고 해도 과언이 아닙니다. 즉 인식은 언어의 문제고, 언어의 문제는 결국 의미의 문제로서

현실에 연결됩니다. 그래서 언어의 정의가 문제가 되는 것입니다.

•• 의미의 요철 인생

인간은 사물을 차별화하여 인식하기 위한 수단으로 대비 관계라는 방식을 사용합니다. 대비 관계를 나타내는 개념에는 양립이 불가능한 절대적 대비 개념과 양립이 가능한 상대적 대비 개념의 두 범주가 있습니다. 절대적 대비 개념은 두 개념 사이에 중립 개념이 존재하지 않음으로 인해 배타적 속성을 갖지만, 상대적 대비 개념은 두 개념 사이에 중립 개념이 존재함으로 인해 비 배타적 속성을 갖습니다. 그리고 비 배타적 속성을 갖는 상대적 대비 개념은 독립적인 대립 개념과 종속적인 상반 개념의 두 종류로 나누어집니다.

모순개념, 즉 부정에 바탕을 둔 대비 관계인 'A'와 '~A'는 절대적 대비 개념인 반면 흔히 반대말로 이해되고 있는 대비 관계는 상대적 대비 관계 중 상반 개념입니다. 모순개념의 예로는 삶과 죽음이라는 '생사'가 있고, 상반 개념의 예로는 길고 짧음의 '장단'이나 '고저' 등이 있습니다. 특히 '동서東西'의 관계는 상반 개념인데 반해 '동북東北'의 관계는 대립 개념임에 유의해야 합니다.

얼룩말은 흰둥이인가 아니면 검둥이인가?

미국의 한 시인은 그의 시에서 얼룩말이 흰 바탕에 검은 줄이 있는 흰둥이 말인지 아니면 검은 바탕에 흰 줄이 있는 검둥이 말인지를 묻습니다. 시인의 물음은 《꽃병과 얼굴》이라는 뒤 글상자의 그림처럼 게슈탈트 인식이라는 인지 전환의 문제로 나타납니다. 그리고 이러한 상반된 두 관점의 문제는 언표적 의미 해석과 언리적 의미 해석이라는 문제로 이어지게 됩니다.

언어에 있어 의미의 탄생 과정은 요철凹凸 생성의 원리를 따릅니다. 사물을 규정짓기 위해 언어의 '어의'가 언표라는 철凸의 형식으로 태어나는 순간 보이지 않는 요凹의 형식을 갖는 '의미'가 동시에 언리로서 생성됩니다. 철凸의 형식인 언표적 어의가 양각인식에 해당한다면, 요凹의 형식인 언리적 의미는 음각인식에 해당합니다. 언어의 탄생 과정인 요철 생성의 원리는 이렇게 근본적으로 의미의 상대성을 이미 내포하고 있습니다.

언표적 의미와 언리적 의미의 상대성은 특히 상반 개념의 어휘 사용에서 잘 드러납니다. '길다'와 '짧다'라는 상반 개념 사이의 관계를 살펴보면 "A는 길다."라는 문장은 그대로 "A가 길다."라는 뜻을 나타냄과 동시에 또한 "A는 A보다 긴 것과 비교된다면 짧다."라는 뜻도 품고 있습니다. 즉 A는 지금 현재는 길다고 표현되고 있지만, 반대로 짧다고 표현될 수도 있음을 함께 나타내고 있는 것입니다.

꽃병과 얼굴

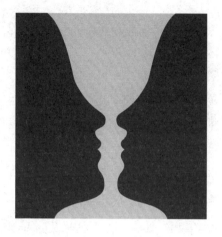

　의미의 상대성 문제는 특히 노자의 『도덕경』 제1장과 제2장에 잘 나타나 있습니다. 제1장은 모든 '길'이 다 길이기는 하지만 그 길이 항상 정해진 길은 아니며, 또한 모든 '이름'이 다 이름이기는 하지만 영원히 정해진 이름이라고 볼 수는 없다는 주장으로 시작됩니다.

　이 주장은 '유有'와 '무無'라는 개념을 통해 의미의 상대성에 대한 설명으로 이어집니다. 유有라는 개념은 보이는 것의 시작인 언표적 개념, 즉 철凸의 형식을 갖는 양각인식의 결과입니다. 그런데 '유有'라는 개념은 요凹의 형식인 보이지 않는 '무無'라는 언리적 개념, 즉 음각인식의 바탕이 없이는 결코 성립할 수 없습니다. 그래서 이 둘은 같지만 다른 이름으로 나온다는 노자의 설명이 이어집니다.

> 道可道 非常道
> 名可名 非常名
>
> 어떤 길이든 길이라 할 수 있지만
> 늘 정해진 길은 아니요,
> 어떤 이름이든 이름이라 할 수 있지만
> 영원히 정해진 이름은 아니다.

　노자는 이어 제2장에서 "세상 사람들이 모두 아름다운 것만 밝혀서 억지로 아름다운 척 꾸민다면 그건 나쁜 일이요, 또 모두가 착한 것만 밝혀서 억지로 착한 척 꾸민다면 그것 또한 결코 좋은 일이 아니다."라고 꾸밈의 행위에 관해 얘기합니다. 소위 틀에 박힌 획일적 사고로 인한 행위에 대한 비판의 목소리인 것입니다.

　이렇게 양각인식과 음각인식의 대비에 관한 의미의 요철凹凸 생성 원리에 대해 설파한 뒤 노자는 유무, 난이, 장단, 고하 등 양각인식과 음각인식이 함께 어우러진 '의미의 상대성'에 관한 구체적인 예들을 줄줄이 열거하게 됩니다. 노자의 '무위無爲' 개념은 아무것도 하지 말라는 뜻이 아니라 무엇이든 억지로 하지 말고 꾸미지 말라는 뜻으로 새겨야 할 것입니다.

> 天下皆知美之 爲美 斯惡也
> 天下皆知善之 爲善 斯不善也
>
> 세상 사람들이 모두 아름다운 것만 밝혀서
> 억지로 아름다운 척 꾸민다면 이는 나쁘며,
> 세상 사람들이 모두 착한 것만 밝혀서
> 억지로 착한 척 꾸민다면 이는 좋지 않다.

불교 선종의 시조라 할 수 있는 6조 혜능이 임종을 맞아 설법 기술의 공개라는 마지막 자비심을 보입니다. 혜능은 누가 뭔가를 물어오면 그에게 그 물음의 대척점을 마주하게 하라는 가르침을 남깁니다. 무릇 인간이란 존재는 대척 개념의 사이를 오가며 갈등을 겪는 존재이므로 두 대척점이 결국은 모두 치우침이라는 사실을 알게 해줌으로써 벗어나게 하라는 것입니다. 혜능의 임종 설법은 사실은 석가의 최초 설법, 즉 초전법륜입니다.

양극의 대척점을 막고 중도를 걷게 함으로써 갈등을 해소하는 방법을 '쌍차'라 이르는데, 혜능은 쌍차를 넘어 양 대척점을 조화시키는 쌍조를 이룬다면 능히 깨달음을 얻을 수 있다고 이야기해 줍니다. 대척 개념의 쌍차쌍조는 노자 도덕경의 양각인식/음각인식의 일례로 볼 수 있겠습니다. 그래서 선종이 노자 사상에 가지를 드리우고 있음을 혜능의 유언을 통해서도 엿볼 수 있습니다.

> 우리 감각은 우리를 자주 속이기 때문에, 나는 우리의 감각이 어떤 것을 우리에게 상상하도록 하는 바와 같이 존재하는 어떤 것도 실제로 있을 수 없다고 가정하기로 했다.
>
> – 데카르트

** 의미의 무게중심

모든 것은 의심할 수 있지만 내가 의심하고 있다는 것만은 절대로 의심할 수 없다고 주장한 "Cogito ergo sum!"이라는 데카르트의 유명한 인식론적 선언을 한국어로는 어떻게 번역해야 할까요? 한국어에는 '토씨' 또는 '조사'라고 부르는 특별한 품사가 있습니다. 이 조사 덕분에 한국어의 문장은 어순을 흩트려 놓아도 의미가 별로 손상을 받지 않게 됩니다.

그런데 조사는 의미를 보호하는 기능 외에도 의미의 비중 차이를 드러내기도 합니다. 즉 말하고자 하는 의도의 미묘한 차이가 조사의 변화를 통해 표출됩니다. 조사에 따라 문장 표현에서 의미의 무게중심이 이동하는 현상이 발생한다는 말입니다. 문장 표현에서 의미의 무게중심 위치가 중요한 이유는 말하는 이의 의도가 사적 영역에 속하기 때문입니다.

한국어에서 주어를 나타내는 표현에는 '~는'과 '~가'의 두 가지 서로 다른 주격 조사를 사용하는 방법이 있습니다. 따라서 데카르트의 선언은 '나는'이라는 주격 표현과 '내가'라는 또 다른 주격 표현을 사용함으로써 뒤 글상자의 표현처럼 네 가지의 서로 다른 번역이 가능한데 일반적으로는 ㉠형식의 번역을 따르고 있습니다. 그런데 여기서 각각의 번역은 의미에 있어서 미묘한 차이를 만들어 내고 있음에 주의해야 합니다.

"Cogito Ergo Sum!"

㉠ 나는 생각한다, 그러므로 나는 존재한다.
㉡ 나는 생각한다, 그러므로 내가 존재한다.
㉢ 내가 생각한다, 그러므로 나는 존재한다.
㉣ 내가 생각한다, 그러므로 내가 존재한다.

---

(1) "너는 무엇을 하는가?"
(2) "누가 책을 읽는가?"

'나는'이라는 조사의 경우는 의미의 무게중심이 뒤에 오는 술어에 놓이지만, '내가'라는 조사의 경우는 의미의 무게중심이 앞에 있는 '나'에 놓입니다. 이러한 의미상의 차이는 위에 보인 질문 (1)과 질문 (2)에 대한 답을 보면 명확해집니다. 질문 (1)에 대한 대답은 "나는 책을 읽는다."가 되겠지만, 질문 (2)에 대한 대답은 "내가 책을 읽는다."일 것입니다.

데카르트의 선언 번역을 자세히 살펴보면, ㉠형식의 표현은 앞뒤 문장의 무게중심이 '나'라는 주체가 아니라 '생각'과 '존재'라는 행위에 놓여 있음을 알 수 있습니다. 한편 ㉡형식의 표현은 앞 문장의 무게중심은 생각이라는 행위에 있는 반면 뒷 문장의 경우는 '다른 사람이 아닌 바로 나'가 존재한다는 의미로 '나'라는 주체에 무게중심이 놓여 있습니다. ㉢형식의 표현은 앞 문장은 '나'라는 주체에 그리고 뒷 문장은 존재에 그 무게중심이 놓여 있고, ㉣형식의 표현은 앞뒤 문장 모두 '나'라는 주체에 무게중심이 놓여 있음을 알 수 있습니다.

여기서 올바른 번역을 선택하기 위해서는 '데카르트는 이 선언을 통해 과연 무슨 메시지를 전하고 싶었던 것일까?'라는 사적 영역이 중요한 관건이 되겠습니다. 데카르트의 선언에서 앞의 문장을 전제로 보고 뒤의 문장을 결론으로 본다면 그의 선언의 형식은 인식론적 전제에 따른 존재론적 결론으로 볼 수 있습니다.

그렇다면 전제와 결론에서 모두 행위에 무게중심을 두고 있는 ㉠

형식의 번역은 미흡해 보입니다. 오히려 인식론적 전제에서는 행위에 그리고 존재론적 결론에서는 주체에 무게중심을 둔 ⓛ형식의 "나는 생각한다, 그러므로 내가 존재한다."라는 번역이야말로 어쩌면 데카르트의 의도에 적합한 번역일지 모른다는 생각을 해 봅니다.

"Cogito ergo sum!"이라는 선언으로 말미암아 오늘날 데카르트는 심신 분리를 주장한 최초의 철학자로 비판받고 있습니다. 뒤 글상자의 인용은 데카르트의『정념론』이라는 책에 나오는 내용인데 "사유하는 실체에 불과해야 할 인간의 정신이 의지에 따른 행위를 하기 위해서, 어떻게 해서 신체의 정기를 움직일 수가 있는 것입니까?"라는 엘리자베스 공주의 질문에 대한 답변입니다. 이러한 생각을 하는 데카르트를 단순히 심신분리주의자로 치부해 버리기에는 뭔가 석연치 않은 점이 있습니다.

> 정신은 육체의 모든 부분과 결합하여 있다는 것, 이 모든 것을 보다 완전히 이해하기 위하여 우리는 정신이 실로 모든 육체와 결합하여 있으며, 엄밀히 말한다면 정신은 육체의 부분 중 어느 하나에 배타적으로 존재한다고 말할 수 없음을 알아야 한다.
>
> – 데카르트

이러한 데카르트의 견해는 그가 실제로 심신이원론을 믿고 있었던 것이 아니라 오히려 정신은 육신에 의존적이라는 심신일원론을 지지했을지 모른다는 생각이 들게 합니다. 하지만 그 당대에 종교재판을 당했던 갈릴레오의 선례를 보면서 그러한 생각이 종교적으로 얼마나 위험한 생각인지 데카르트는 잘 알고 있었을 것입니다.

"고로 이 철학자는 영원히 존재할 것입니다."라는 그의 묘비명에서 보듯이 영원히 존재하는 철학자가 되기 위해서는 어떻게 처신해야 하는지를 데카르트는 잘 알고 있었습니다. 특히 유난히 조심스러웠던 그의 성격은 인간의 정신에 관한 그의 생각을 표현할 때도 교황청을 염두에 두지 않을 수 없었을 것입니다.

따라서 정신에 관한 그의 〈cogito 선언〉의 실제적 의미는 바로 앞의 인용문에서도 알 수 있듯이 정신이 육체의 특정한 장소에 배타적으로 존재한다고 볼 수는 없습니다. 결국, 그의 결론은 정신과 육체는 결합하여 있다는 일원론의 입장을 배제하고 해석해서는 안 된다는 생각이 들게 합니다.

18세기의 철학자 칸트는 인식이 주관적이라고 보았습니다. 칸트에게 있어서는 인식주체로서의 '나'가 무엇보다도 중요한 존재였습니다. 따라서 데카르트 선언의 칸트식 표현은 필시 ⓒ형식의 "내가 생각한다, 그러므로 나는 존재한다."일 것입니다.

그리고 훗날 후설은 칸트의 주장처럼 인식의 주관성에는 동의하지만, 인식이란 결국 타자와의 관계 문제라고 생각하게 됩니다. 이렇게 볼 때 데카르트 선언의 후설식 표현은 아마도 "내가 생각한다, 그러므로 네가 존재한다."가 되지 않을까 추측해 봅니다.

역사적으로 인식의 주관성을 강조한 주장들은 여럿이 있습니다. "사물의 존재는 인간의 의식 없이는 있을 수 없다."라는 그리스 시대 고르기아스의 선언을 필두로, "사물은 그것을 지각하는 사람과 뗄 수 없다."라는 메를로퐁티의 선언, 그리고 "대부분의 세계는 그것에 대해 우리가 생각하는 대로 존재한다."라는 로티의 선언 등을 들 수 있겠습니다. 그런데 인식의 주관성이란 단순히 언어의 사적 영역에만 관련된 문제일까요?

아일랜드의 신학자인 비숍 버클리는 인간의 관념 외에는 아무것도 존재하지 않는다는 주장 아래 실제적인 사물은 신의 정신 속에 있는 관념이라서 인식이 불가능하다고 주장합니다. 이러한 실제적인 사물의 인식 불가능성은 훗날 칸트에 의해 물 자체는 인식되지 않는다는 이율배반의 주장으로 이어진다고 볼 수 있겠습니다.

> 철학자들이 사용하게 된 단어들이 처음에는 일상적으로 사용되었기 때문에, 한 단어의 최초의 의미를 탐구하는 데에는 그 단어가 일상적 용법에서 최초에 무엇을 가리켰던가를 살펴보는 것이 적절할 것이다.
>
> – 스피노자

** 의미는 변화하는가 아니면 진화하는가?

19세기 말 프레게는 일상 언어의 다의성으로 인한 애매함을 제거하기 위해 수학에 기초한 논리적인 언어, 즉 기호언어를 제안하게 됩니다. 그는 수학적 인식의 논리적인 연관 관계와 구조를 분석하는 것이 철학을 비롯한 수학 심지어 종교 경전까지 근본 진리 문제를 탐문하는 것으로 이어진다고 보았습니다. 그는 우선 수학부터 손을 대 수학을 논리학으로 전환하는 시도를 합니다.

프레게는 일상 언어에서 보편성에 해당하면 '모든' 그리고 특수성에 해당하면 '어떤'이라는 양화사를 사용하고 또 특정 개념의 위치에

x나 y와 같은 변수를 도입함으로써 수리논리학을 탄생시키게 됩니다. 예를 들어 "인간은 이성적이다."라는 종래의 철학적 문장을 수리논리적으로 표현하면 "모든 x(인간)는 y(이성적)이다."라는 식으로 진위 계산이 가능한 수학 공식으로 만들 수 있다고 보았습니다.

이렇게 문장의 구조도 함수의 구조와 같다고 생각한 프레게는 형식언어를 만들어 냄으로써 모든 것을 논리학의 개념으로 환원시킬 수 있다고 믿었습니다. 만일 그렇게 한다면 언어라는 구조는 마침내 원자 명제의 진릿값에 관련된 함수로 볼 수 있게 될 것이고, 그로부터 연역적으로 도출될 수 있다고 본 것입니다.

프레게는 수학의 함수 개념을 원용하여 {논항+함수}라는 형태로 명제를 표현함으로써 아리스토텔레스의 {주어+술어}라는 진술 도식을 새로운 집합론적 시각에서 바라볼 수 있게 합니다. 그런데 그는 주어 부분은 확정적이지만 술어 부분은 불완전하다고 생각했고, 따라서 대상과 개념의 구분이 요구된다고 생각했습니다.

주어를 개별자로 보고 술어를 보편자로 보았던 아리스토텔레스와는 달리 프레게는 주어를 고유명사로 보는 한편 술어를 개념어로 보았습니다. 그리고 고유명사가 지시하는 것은 대상이고, 개념어가 지시하는 것은 개념으로서 논리적 기능이 다르다고 생각했습니다.

이렇게 해서 프레게는 자신이 개발한 집합론적 명제 표현을 다시 {지시+개념}의 형태로 발전시킴으로써 아리스토텔레스에 이어 문법적 관계에 새로운 논리적 해석을 가하고 마침내 기호논리학을 제안하게 됩니다.

프레게는 표현의 의미와 그것이 지시하는 것을 구별합니다. 즉 두 개의 표현은 동일한 대상을 지시하면서도 인지적 의미는 서로 다를 수 있다는 것입니다. 동일한 대상에 대한 동일한 표현이 'meaning'이라는 의미 측면에서는 정보적인 가치가 없지만 'sense'라는 의미 측면에서는 정보적인 가치가 있다는 주장입니다. 이 주장은 "논리적 진리는 의미는 없으나[senseless] 무의미[nonsense]하지는 않다."라고 의미 결여와 무의미를 통해 진리성과 타당성의 차이를 이야기한 비트겐슈타인을 떠올리게 합니다.

> 단어가 의미를 가지는 것은 단지 명제의 문맥 안에서다.
>
> - 프레게

프레게는 동일한 단어라 할지라도 주어의 위치에 오느냐 아니면 술어의 위치에 오느냐에 따라 고유명사와 개념어로 구분되고 각각은 논리적 기능이 다르다고 보았습니다. 이에 맞추어 문법적 구조인 표층적 구조가 논리적 구조인 심리적 구조를 어떻게 은폐하고 있는지 밝혀낼 수 있다는 것이 프레게의 주장입니다.

이처럼 기호논리학을 통해서 언어를 재구성하게 되면 그 어떤 언어도 논리적 변형 규칙에 준해서 그 진릿값이 명료해지므로 참과 거짓이 확정된다는 것입니다. 즉 프레게는 의미나 개념의 객관성은 언어 사용의 논리적 특성에서 찾아야 한다고 생각했습니다.

상이한 논리적 기능의 예로서 프레게는 '저녁별'과 '샛별'이라는 표현을 고찰합니다. 양자는 다 같이 동일한 대상인 금성을 지시하므로 물리적 대상으로서의 샛별은 바로 저녁별입니다. 그들은 동일한 것이므로 "샛별은 저녁별이다."라고 말하는 것은 "샛별은 샛별이다."와 똑같은 것일 뿐입니다.

그러나 표현의 의미와 지시와의 구별은 다릅니다. 즉 '샛별'과 '저녁별'이라는 표현이 동일한 대상인 금성을 지시하지만, 하나는 '아침에 보이는 별'을 의미하고 다른 하나는 '저녁에 보이는 별'을 의미하기 때문입니다. 다시 말해 샛별이 저녁별이라는 발견은 새벽에 보이는 별이 저녁에 보이는 별과 동일한 별이라는 발견이므로 천문학적 관찰이 없이는 불가능한 것입니다.

그렇기 때문에 "샛별이 저녁별이다."라는 문장은 "샛별은 샛별이다."라는 문장이 제공하지 못하는 정보를 제공합니다. 두 문장은 서로 다른 '어떤 것'을 의미하기 때문에 각각 서로 다른 방식으로 금성을 지시한다는 것을 이해하는 데 도움을 줍니다. 프레게는 전통적인 철학자의 오류는 이처럼 맥락을 무시하고 오직 낱말만을 들여다보았기 때문에 생겨났다고 주장합니다.

닐스 보어의 일침

You are not thinking,
you are being logical!

자네는 생각하는 게 아니야,
그저 논리적일 뿐이지!

인식은 내용에 대한 이해를 의미하는데, 내용은 그 자체로는 이해되지 않는 속성을 지니고 있습니다. 그래서 인간의 인식 과정은 반드시 형식을 통한 내용의 이해라는 방식으로 전개됩니다. 즉 인간은 세상을 인식하기 위하여 주변의 상황이라는 내용을 자기가 구축한 형식 속에 담아 넣는 재인 과정이 필요합니다.

언어는 사물이라는 내용이 의미의 형태로 담긴 형식을 뜻합니다. "나의 언어의 한계는 나의 세계의 한계다."라는 비트겐슈타인의 선언이나 "언어는 존재의 집이다."라는 하이데거의 선언, 또는 "존재한다는 것은 언어적 함수의 값이다."라는 콰인의 선언은 바로 이러한 존재라는 내용과 언어라는 형식 사이의 관계를 인지한 선언들이라고 할 수 있겠습니다.

사물은 사건과 물건을 말하는데 물건이 개체를 의미하는 반면 사건은 속성과 관련됩니다. 아리스토텔레스는 개체가 위치하는 주어에는 개별자라는 개념이 그리고 속성이 위치하는 술어에는 보편자라는 개념이 적용됨을 알았습니다. 한편 고유개념과 내포라 부르는 주어와 술어의 위치에 오는 개념들을 로크는 제1 속성과 제2 속성으로, 그리고 프레게는 지시와 의미라는 이름으로 부릅니다. 만일 이 틀에 한국어 문법 체계를 적용한다면 물건은 체언으로 그리고 사건은 용언으로 표현이 가능한데 이러한 체언/용언의 분류 체계는 한국어의 자연어 처리 프로그램에 유용한 단서를 제공합니다.

인간이 언어를 만들었음에도 언어는 다시 인간을 규정짓습니다. 즉 인간의 지혜가 전적으로 언어에서 나온다고는 할 수 없겠지만, 언어가 지혜의 원천인 것만은 틀림없습니다. 인간의 모든 사고와 생활이 언어에 의존하고 있기 때문입니다. 사회의 문화 형성에는 그 사회가 사용하고 있는 언어가 결정적인 역할을 하게 되므로 문화는 언어에 따라 독특한 형태를 가질 수밖에는 없습니다.

　언어에는 한편으로는 문화 형성을 자극하는 긍정적인 힘이 있는 반면 다른 한편으로는 그 자체가 문화 형성에 제약이 되는 부정적인 측면도 아울러 품고 있습니다. 이러한 문제는 그 언어가 갖추고 있는 문법에서 기인한다고 보아야 합니다. 문법은 사고를 활성화하는 대신에 사고를 가두는 틀의 역할도 하기 때문입니다.

　예를 들어 소리를 나타내는 표음문자가 바탕인 라틴어권의 서양식 문자는 이미 기호 형태의 알파벳으로 구성되어 있어 기호로의 활용이 용이합니다. 그러나 의미를 나타내는 표의문자가 바탕인 한자권의 동양식 문자는 상징 형태로 되어 있어 알파벳으로의 분해가 불가능하므로 기호로의 활용이 극히 제한적입니다. 이렇게 문자의 속성이 기호인가 아니면 상징인가 하는 문제는 문화의 형성 과정에 결정적인 영향을 끼치게 됩니다.

> 형이상학적인 모든 것이 그러하듯이 사고와 현실 사이의 조화는 언어의 문법 속에서 발견된다.
>
> – 비트겐슈타인

2. 가상현실을 창조하는 마음

> 기차 여행 중인 피카소에게 앞자리의 승객이 말을 걸었다.
> "선생님 그림 속의 인물들은 지극히 비현실적입니다."
> 피카소가 침묵하자 그 승객은 가족사진을 보이며 자랑했다.
> "제 딸인데 대단한 미인이죠."
> 피카소가 정색하며 대답했다.
> "선생님의 가족들은 지극히 작군요."

** 인지기제의 미로

『뷰티풀 마인드』라는 영화를 보면 주인공을 따라다니면서 주인공과 대화를 나누는 남자 친구와 여자아이가 나옵니다. 그런데 이 두인물은 주인공에게만 보일 뿐 주변의 다른 사람들에게는 보이지 않습니다. 두 인물은 환상 속의 인물임이 분명할 텐데 당사자인 주인공에게는 현실 속의 인물입니다. 그렇다면 현실이란 무엇일까요?

나란히 선 두 사람의 눈앞에서 불빛이 반짝였습니다. 플라톤은 "유성의 흐름."이라고 말했고, 옆에 선 아리스토텔레스는 "반딧불의 비행."이라고 말했습니다. 그런데 이때 플라톤의 안구에서도 그리고 아리스토텔레스의 안구에서도 모두 똑같이 열두 번째 망막세포가 발화되었다는 것을 뒤에 서 있는 소크라테스는 알고 있었습니다. 다만 플라톤은 캄캄한 밤하늘을 올려다보고 있었고, 아리스토텔레스는 캄캄한 숲을 내려다보고 있었을 뿐입니다.

이렇게 두 사람 모두 열두 번째 망막세포의 발화라는 신체적 감각 현상은 같았지만, 두 사람의 지각적 결론은 전혀 달랐습니다. 즉 두 사람 모두 똑같이 열두 번째 망막세포가 발화되었음에도 한 사람은 '유성의 흐름'이라는 설명의 옷을 입혔고, 다른 사람은 '반딧불의 비행'이라는 설명의 옷을 입힌 것입니다.

동일한 물리적 조건은 동일한 물리적 결과를 낳는다는 과학 원리를 고려해 볼 때 플라톤의 안구에서도 그리고 아리스토텔레스의 안구에서도 열두 번째 망막세포의 발화라는 동일한 물리적 현상은 두 사람의 뇌에서도 모두 동일한 신경 회로망을 구성했을 것입니다. 따라서 이 사실만 가지고는 누가 유성을 보았고 누가 반딧불을 보았는지 구별할 수 없을 것입니다.

그런데 어떻게 열두 번째 망막세포의 발화라는 동일한 물리적 현상이 플라톤과 아리스토텔레스로 하여금 서로 다른 결론을 내리도록 했을까요? 그 이유는 각자의 뇌가 열두 번째 망막세포로부터 시각 신호라는 정보의 핵심이 되는 전경 신호를 받는 동시에 상황과 관련된 배경 신호를 함께 받았기 때문입니다. 예를 들어 두 사람의 서로 다른 자세에서 비롯되는 상이한 목의 각도라는 배경 신호가 함께 입력됨으로써 결국은 서로 다른 결론에 도달하게 된 것입니다.

즉 플라톤과 아리스토텔레스의 같은 대상에 대한 다른 설명은 핵심을 이루는 전경 신호와 함께 구도를 이루는 배경 신호라는 '감각'이 각자의 머릿속에서 '지각'이라는 과정을 통해 다르게 재구성되었기 때문입니다. 다시 말해 동일한 시각 현상에 대해 서로 다른 '관넘'이 형성된 것입니다. 그리고 훗날 로크를 비롯한 초기 영국의 철학자들은 "인식은 다만 관념일 뿐이다."라는 흥미로운 주장을 하게 됩니다.

> 언어 능력을 통하여 인간은 주어진 질문을 공식화하고 미로 찾기 쥐가 할 수 없는 방식으로 이를 해결해 나가지만, 궁극적으로는 소수素數의 미로에서 어쩔 줄 모르고 헤매는 쥐처럼, 신화에 해당하는 문제 앞에서는 속수무책일 수밖에 없다.
>
> – 촘스키

마음에는 여러 종류가 있는 것처럼 보입니다. 먼저 괴로운 마음을 풀어 줄 테니 가져오라는 스승의 요구에도 불구하고 마음을 찾을 수 없었던 혜가의 마음은 존재론적 마음이 되겠고, 또 깃발과 바람의 움직임과 관련하여 마음이 움직이기 때문이라는 혜능의 마음은 인식론적 마음이 되겠습니다. 그리고 "물고기의 마음을 모른다는 내 마음을 네가 어떻게 아는가?" 하는 장자의 질문과 관련된 혜자의 마음은 타자 인식의 마음입니다.

이렇게 존재론적으로 또는 인식론적으로 다양한 해석이 가능한 마음이라는 개념을 우리는 의식이라는 개념과 별다른 구별 없이 사용하고 있습니다. 그런데 이러한 의식과 마음의 혼용은 특히 전문적인 논의에 있어 혼란을 가중하는 원인이 되고 있습니다. 의식과 마음의 구분은 물리적 단계와 심리적 단계의 구분에 의해 가능해지는데 이에 따라 인지 기제의 미로와 관련된 불필요한 논란이 상당히 해소될 수 있을 것입니다.

통념상 기존의 의식이라는 개념은 이성적인 느낌이 강한 반면 마음이라는 개념은 감성적인 색채가 강하다고 할 수 있으며, 정신이라는 개념은 의식과 마음의 중간쯤에 위치하는 개념이라 할 수 있습니다. 같은 듯 다른 의식과 마음의 무분별한 혼용을 피하여 개념을 명확히 구분함으로써 인지 기제의 미로에서 비롯되는 불필요한 혼란과 논쟁을 풀어보는 작업은 의미가 크다고 할 수 있겠습니다.

지각의 활성화

상태	생리지각	미분지각	적분지각
각성	O	O	O
수면	O	O	X
혼수	O	X	X
사망	X	X	X

** 지각의 3총사와 '달타냥'

동물의 지각 작용을 살펴보면 각성 상태로 활동할 때와 잠잘 때 그리고 혼수상태 등 각 상태에 따라 모두 다른 양상을 보입니다. 먼저 혼수상태를 살펴보면 생체적 방어기제 등 생리적 활동과 관련된 기본적인 지각만이 활성화되어 있음을 알 수 있습니다. 이를 〈생리지각〉이라 부르겠습니다. 생리지각은 생명체로 하여금 생명현상과 직접 관련된 기본적인 기능만을 유지할 수 있도록 합니다.

그리고 잠을 잘 때는— 비록 각성 상태로 활동할 때에 보이는 개체 전체로서의 종합적인 인식과 반응은 결여되어 있지만 —생리지각

외에도 순간적이지만 국소적 지체로서 나름대로 통일성을 보이는 또 다른 지각이 활성화되어 있음을 알 수 있습니다. 이러한 지각에는 〈미분지각〉이라는 이름이 어울립니다. 흥미롭게도 미분지각은 두뇌에만 한정되어 일어나는 것이 아니라 신체 내의 여러 부분에서 국소적이지만, 독립적으로 일어남을 알 수 있습니다.

미분지각이 생리지각과 다른 점은 국소적 지체의 독립적 운동 반응을 수반한다는 점입니다. 미분지각은 순간적으로 국소적 상황을 지각하고 반응하지만, 개체 전체로 확장되어 지속적인 판단을 가능하게 하는 능력은 결여되어 있는 상태입니다. 그래서 미분지각의 결과는 순간적인 반응일 뿐 대부분 그 이후 이른바 의식의 표면으로는 떠오르지 못하고 잠재된 상태로 존재하게 됩니다.

끝으로 각성 상태에서는 하나의 개체로써 필요한 미분지각들이 지속해서 종합되고 총체적으로 평균 되어 강화됨으로써 개체의 통일된 중심을 형성하는 지각이 활성화됩니다. 이 지각에는 〈적분지각〉이라는 이름이 적합합니다. 적분지각은 주변의 상황을 파악하여 종합하고 기억함으로써 지속적인 판단을 가능하게 해 줍니다.

생리지각과 미분지각 그리고 적분지각은 지각의 3총사로 생명 활동에서 핵심 역할을 합니다. 지각의 3총사를 기존에 알려진 용어로 풀이한다면 생리지각은 '본능'이라는 이름으로 불렸고, 미분지각은 '무의식' 또는 '삼세의식'이라는 이름으로 불렸으며, 적분지각은 '의식'이라는 이름으로 일컬어져 왔음을 알 수 있습니다.

여기서 미분지각의 경우는 '무의식'이라는 이름보다는 '미의식未意識'이라는 이름이 더 적합해 보입니다. 어쨌든 중요한 점은 이러한 미의식에 의한 자극 처리 기제가 진화 과정에서 끝까지 살아남았다는 사실입니다. 즉 생명체를 자세히 들여다보면 오늘날에도 이러한 미의식에 의한 정보 처리 과정이 생명체 내 대부분의 장소에서 국소적이지만 지배적으로 일어나고 있음을 알 수 있습니다.

흔히 의식은 지각 작용의 주체로서 인식되고 있습니다. 그러나 의식은 지각 작용의 무게중심인 지각 중심을 일컫는 개념일 뿐, 의식에 의한 자각이란 곧 적분지각임을 알아야 합니다. 잘 알려진 리벳의 지각 반응 실험에서 자극의 자각 과정에 지연 현상이 일어나는 까닭은 자극의 수용 과정인 미분지각이 자극의 자각 과정인 적분지각으로 연결되는데 소요되는 시간 때문입니다.

그런데 인간에게는 방금 이야기한 생리지각과 미분지각 그리고 적분지각이라는 지각의 3총사 외에도 중요한 지각 능력이 한 가지 더 있습니다. 즉 외부로부터 감각을 통해 직접 입력된 정보를 취합하고 판단하는 적분지각보다 상위에 이들 입력된 정보들의 상호 위상 관계를 파악할 수 있는 능력이 별도로 존재합니다. 마치 제4총사인 '달타냥'에 해당하는 이 특별한 지각은 위상 관계를 파악하는 지각이므로 〈위상지각〉이라는 이름이 적합합니다.

지각의 3총사가 지각회로를 통해 구현되는 데 반해 제4총사인 위상지각은 개념회로를 통해 구현됩니다. 위상지각은 인간의 언어와 직접적인 관계를 가지고 있는 지각 능력입니다. 위상지각은 정보의 연산처리 과정에서 일어나는 양적 비교에 의한 판단과는 달리 상대적인 위치 관계를 중요시하는 특이한 처리 능력입니다. 위상지각이라는 능력으로 말미암아 인간은 논리 외에도 시간 등 여러 추상적인 개념을 만들어 사용할 수 있게 되었고, 또한 이로 인해 지각의 시공간적 지평이 무한으로 확장되기에 이릅니다.

'지각의 지각'이라고도 할 수 있는 지각의 제4총사인 위상지각은 인간의 마음을 의미하는데, 마음이라는 개념은 오랫동안 적분지각인 의식이라는 개념과 혼동되어 왔습니다. 여기서 의식과 마음의 차이와 관련해서 한 가지 예를 든다면 통증은 의식의 산물이지만, 고통은 마음의 산물이라는 것입니다. 이러한 지각의 통제 과정을 뇌신경과학의 관점에서 논한다면 미분지각은 후뇌를 중심으로 일어나고, 적분지각은 중뇌를 중심으로 일어나며, 위상지각은 전뇌를 중심으로 일어난다는 설명도 가능할 것 같습니다.

> 마음은 그 자체가 자신이 존재하는 장소이며, 스스로 지옥을 천국으로, 천국을 지옥으로 만들 수 있다.
>
> – 밀턴

인간의 인지 기제는 지각회로의 구조로 이루어집니다. 수용기를 통해 입력된 감각 신호는 일단 신경 회로망에서 연산처리를 거쳐 이른바 기억이라는 형태로 새롭게 저장됩니다. 또한, 수용기로 입력된 정보는 기억 서상소로부터 불리온 기존의 정보와 비교되고 대주되는 연산처리를 거쳐 비로소 실행기로 출력하게 됩니다.

감각 신호에 대한 연산처리는 프로세서와 컴파일러가 담당합니다. 지각회로의 신경 회로망 중 프로세서만으로 이루어지는 연산처리 과정은 지각의 3총사인 생리지각과 미분지각 그리고 적분지각이 관련되는 일반 지각회로에 의해 일어납니다. 그러나 컴파일러를 통해 이루어지는 언어의 컴파일 과정은 위상지각과 관련된 특수 지각회로인 개념회로에 의한다고 보아야 합니다.

일반 지각회로는 모든 동물의 생명현상과 의식 현상에 관여하는 요소인 반면 특수 지각회로인 개념회로는 오직 인간에게만 존재하는 마음을 설명할 수 있는 독특한 요소입니다. 그리고 개념회로가 반드시 두뇌에서만 일어나는 데 비해 일반 지각회로의 경우 꼭 두뇌에만 한정된 것은 아니라는 사실이 또한 중요합니다.

감각을 지각으로 변환시키는 지각회로에는 신체 외부의 입력에 의한 외적 지각회로와 신체 외부의 입력이 없는 내적 지각회로의 두 가지 형태가 가능합니다. 외적 지각회로는 신체 외부로부터 자극을 받아 처리하는 통상적인 지각 반응에 관여하는 반면 내적 지각회로는 생각이나 상상 또는 꿈이나 환각 등 신체 내부에서 비롯되는 자극을 처리하는 독특한 반응 기제에 관여합니다.

뇌신경과학에서는 작업기억을 위한 작업공간이라는 개념을 새롭게 고안해서 이론을 세우기도 하는데, 이러한 작업공간에서 일어나는 현상이 바로 적분지각과 같은 성격입니다. 따라서 작업공간이라 부르는 영역은 적분지각을 위한 적분 구간으로 볼 수도 있겠습니다. 특히 적분 구간의 폭이 매우 좁은 적분지각의 경우를 흔히 주의 또는 집중이라고 부른다고 볼 수 있겠습니다.

자신을 쥐라고 생각하는 환자에게 의사가 치료 후에 말했다.
"이제 당신은 더 이상 쥐가 아닙니다! 알겠습니까?"
환자가 대답했다.
"잘 알겠습니다! 저는 더 이상 쥐가 아닙니다!"
그런데 병실 문을 열고 나가던 환자가 황급히 되돌아 왔다.
"문밖에 고양이가 있어요!"
의사가 물었다.
"당신은 쥐가 아닌데 왜 고양이를 걱정하지요?"
환자가 대답했다.
"제가 쥐가 아니란 걸 저는 알지만, 저 고양이는 아직 모르죠!"

** 재인이 일으키는 기적

주위 환경의 변화에 대처하는 능력인 〈적응력適應力 fit-in-ability〉을 제공하는 과정은 물리적 과정입니다. 인식 과정이라 부르는 물리적 과정은 의식을 가진 모든 생명체에 공통으로 일어나는 과정입니다. 한편 현실 세계의 모형을 구축하는 능력인 〈가공력架空力 fill-in-ability〉은 적응력과는 전혀 다른 능력입니다. 여기서 가공력을 제공하는 과정은 재인 과정이라 부르는 심리적 과정으로 언어에 의해서만 가능하기 때문에 오직 인간에게만 존재하는 인지 기제입니다.

인간은 마음을 갖춤으로써 가공력을 이용할 수 있게 되고, 마침내 재인의 기적을 완성하게 됩니다. 인식 과정이 물리적 세계를 대상으로 의식에 기반을 둔다면 재인 과정은 심리적 세계를 대상으로 마음에 기반을 둡니다. 재인 과정은 가공력을 바탕으로 물리적 세계의 모형인 가공물을 구축합니다. 재인 과정이 일어나는 공간은 가상공간으로서 이 공간에 구현되는 세계는 이른바 가상현실입니다. 그런데 인간의 생존에 결정적으로 기여한 가공력이 거꾸로 마음에 관한 과학적 탐사를 어렵게 만드는 요인이 되기도 합니다.

여기서 재인 과정의 중심축을 이루는, 가공력이라고 부른 인간의 독특한 능력과 관련해서 데넷이 '채워 넣기'라고 지칭한 기능이나 혹은 가자니가가 '해석기'라고 지칭한 과정과의 유사성을 살펴보는 것도 자못 흥미로운 과제일 것입니다. 어쨌든 이러한 가공력의 위력은 둥근 원의 4분의 1이 떨어져 나간 네 개의 원호 조각들로 구성된 이른바 '카니차의 4각형'이라는 그림을 통해 잘 알 수 있습니다.

뒤 글상자의 그림에서 4각형이 보입니까? 이 4각형이 바로 '카니차의 4각형'이라고 부르는 도형입니다. 카니차의 4각형은 실선으로 만들어진 실제 도형이 아닙니다. 실선으로 이루어진 4각형은 없지만, 인간은 분리된 네 개의 원호 조각 사이를 방금 얘기한 '가공'의 선으로 연결함으로써 이른바 카니차의 4각형이라는 도형을 가상현실 속의 가공물로서 인지하게 되는 것입니다. 희한하게도 존재하지는 않지만 볼 수는 있는 인지의 미로에 놓인 도형입니다.

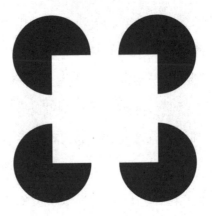

카니차의 4각형

한편 뒤 글상자의 그림에서 3각형은 어떻게 보입니까? 세 개의 막대로 이루어진 3각형의 모습이 어딘가 이상해 보이지 않습니까? 이 3각형은 펜로즈라는 수학자가 만들고 '불가능한 3각형'이라 부른 도형입니다. 세 개의 평행선으로 이루어진 3각형의 세 변은 각각 막대로 인식되어 입체라는 생각이 들게끔 합니다. 하지만 막대의 연결에 문제가 있어 보이는 해괴한 입체입니다.

사실 이 3각형은 두 개의 막대가 연결되는 각각의 꼭짓점을 중심으로 보면 이상한 점이 없습니다. 그러나 이웃하는 두 꼭짓점을 연결하는 막대를 중심으로 보게 되면 양 끝의 꼭짓점에서 막대의 연결방향이 공간적으로 비틀린 것을 발견할 수 있습니다. 즉 이 3각형은 3차원의 공간에 만들 수 있는 이 세상의 도형이 아닌 것입니다. 펜로즈의 3각형은 카니차의 4각형과는 달리 마음의 가공력을 오용한 결과물로 비록 만들 수는 없지만, 상상할 수는 있는 인지의 미로에 놓인 도형입니다.

펜로즈의 3각형

** 몸과 마음은 하나인가 둘인가?

데카르트는 감각할 수 있는 존재인 신체를, 연장이 가능하다는 의미에서 〈res extensa〉라고 부르는 한편 감각할 수는 없지만, 신체와 달리 사물을 인식하는 또 다른 '그 무엇'이 존재한다고 생각하고 이를 〈res cogitans〉라고 불렀습니다. 인식의 주체인 '그 무엇'을 데카르트는 하나의 개체로 보았습니다. 이른바 의식이라는 개념의 시작입니다.

데카르트가 주장한 의식은 마침내 몸과 마음은 하나인가 아니면 둘인가 하는 이른바 심신 문제라는 논쟁거리를 낳게 됩니다. 심신 문제란 결국 몸과 마음의 상관관계에 관한 문제인데, 마음이 몸에 종속적이라고 보는 물리적 관점이 심신일원론의 유물론이라면 마음이 몸과 독립적이라고 보는 심리적 관점이 심신이원론입니다.

심신이원론에는 실체이원론이라든가 속성이원론 등 흥미로운 이론들이 있습니다. 그런데 실체이원론의 경우 마음이라는 존재가 몸과는 다른 차원의 존재이므로 몸이라는 존재와 동시에 독립된 존재로서 파악될 수 없다고 한다면 실체이원론은 포기해야 옳다고 봅니다. 한편 속성이원론의 경우는 마음이 몸과는 전혀 다른 성질의 것이라고 주장하므로 공존에 별로 문제가 없어 보이기는 합니다. 그러나 실체와 실체의 관계가 아니라 실체와 속성의 관계를 들먹이면서 왜 굳이 이원론이라는 명칭을 사용하고 있는지 의문이 들게 합니다.

이렇듯 몸과 마음이 하나냐 둘이냐 하는 문제를 피하기 위해서는 일원론이나 이원론이 아닌 1.5원론 또한 가능합니다. 1.5원론은 심신수반론이라 부르는 주장으로 수반이라는 말은 따라 나온다는 말입니다. 그런데 없던 것이 따라 나온다면 일원론으로 귀결될 것이고, 있던 것이 따라 나온다면 이원론으로 귀결될 것이므로 결국 심신수반론은 무지로 인한 잠정적 대안이라는 생각이 들게 합니다.

하나도 아니고 둘도 아닌 중간 개념을 택하고자 한다면 "원래 어디에 있었는가?" 하는 질문을 피할 수 없는 심신수반론이라는 개념보다는 몸의 회로가 작동함에 따라 마음이 창발성으로 나타난다는 방식의 '심신창발론'이라는 개념의 사용을 추천하고 싶습니다. 어쨌든 실체와 속성에 대한 존재론과 인식론은 서로 뒤엉킨 채 물리학과 철학 그리고 신경과학 등 여러 곳에서 짐짓 말썽을 피우고 있는 것처럼 보입니다.

여기서 심신 문제 속의 몸과 마음의 관계는 물리학의 {입자 : 파동} 문제와 유사한 개념 혼란의 문제일 수 있다는 생각을 해 봅니다. 입자라는 개념은 존재론적 입장에서 설정된 개념이고, 파동이라는 개념은 인식론적 입장에서 설정된 개념이듯이 몸이라는 개념은 존재론적 관점에서 설정된 개념인 데 반해 마음이라는 개념은 인식론적 관점에서 설정된 개념이기 때문입니다.

이제 심신 문제에 대한 관점을 바꿔 볼 필요가 있습니다. 마음이란 몸의 활동을 통해 나타나는 개념이므로 몸과 마음의 관계를 보다 분명하게 이해하기 위해서는 먼저 신체와 생명의 관계를 살펴볼 필요가 있습니다. 왜냐하면, 마음이 몸으로부터 독립적인 존재냐 아니면 종속적인 존재냐 하는 문제는, 곧 생명이 신체로부터 독립적이냐 아니면 종속적이냐 하는 관계를 살펴봄으로써 가늠해 볼 수 있기 때문입니다.

그렇다면 생명이란 무엇일까요? 여기에 살아 있는 개구리와 죽은 개구리가 있습니다. 이 둘 사이에는 어떤 차이가 있는 것일까요? 하나는 생명이 있는데 다른 하나는 생명이 없다? 하나는 움직이는데 다른 하나는 움직이지 않는다? 그렇다면 생명이란 단순히 움직임을 말하는 것일까요?

이렇게 생명의 문제를 움직임의 문제로 규정한다면 산 개구리와 죽은 개구리에다가 동면 중인 개구리를 첨가함으로써 문제가 한층 더 복잡해짐을 알 수 있습니다. 즉 동면 중인 개구리는 움직임이 없으므로 죽은 개구리로 간주해야 할까요? 개구리에게서 생명이 사라진다면 개구리의 신체 중 어디에 있다가 사라진 것일까요? 심장일까요? 아니면 뇌일까요? 혹시 개구리는 동물이라서 심장의 움직임이 문제가 된다면 식물의 씨앗을 예로 들면 어떨까요?

생명이 이렇게 신체 중 어딘가에 존재했다가 다른 곳으로 사라지는 물질적 실체가 아니라면 생명이란 결국 신체의 특정한 상태를 의미한다고 보아야 합니다. 그리고 생명이라는 현상과 마찬가지로 의식이란 현상도 또한 신체의 어딘가에 존재했다가 다른 곳으로 사라지는 물질적 실체가 아니라 단지 신체의 한 상태로 보아야 마땅할 것입니다.

다시 말해 신체가 특정한 상태에 놓일 때 비로소 생명을 가지고 있다든가 또는 의식을 가지고 있다고 말할 수 있게 된다는 것입니다. 이렇듯 의식이라는 존재가 물질적으로 독립된 실체가 아닐진대 의식과 관련된 문제들은 모두 지각이라는 관점으로 바꾸어서 풀어야 합리적인 설명이 가능해집니다. 따라서 지각의 층위는 있어도 의식의 층위는 없습니다.

3. 명제관계를 따지는 철학

> 정신병원에서 환자가 무엇인가를 끄적거리고 있었다.
> 의사가 환자에게 물었다.
> "무엇을 하고 있나요?" – "보면 몰라? 편지를 쓰고 있지!"
> "누구에게 쓰고 있나요?" – "나한테!"
> "뭐라고 썼나요?" – "그걸 어떻게 알아? 받아봐야 알지!"

•• 철학은 가치의 지형도

본래 철학philosophy이라는 단어가 피타고라스가 자신을 표현했던 '지知를 사랑하는 사람philosophos'이라는 단어에서 유래되었으니 철학을 쉽게 풀어 말한다면 '알고 싶어 함'일 것입니다. 그런데 대체 뭘 알고 싶어 한다는 말일까요? 처음에는 학문이라고 해봐야 철학한 가지밖에는 없었을 테니 초기 철학의 대상은 당연히 인간을 포함하여 인간의 주위에 존재하는 '모든 것'이었을 것입니다.

그러나 오늘날의 개념과 통하는 본격적인 철학의 시작점이 아리스토텔레스의 저술인 '형이상학metaphysica'임을 기억한다면 이는 자연physis에 대한 탐구를 뜻하는 '물리학physics'과 대비되는 개념이었음을 알 수 있습니다. 무려 15세기가 흐른 뒤 포트 로열 수도원에서 봉인이 풀리면서 마침내 르네상스라는 이름으로 꽃을 피우게 되는 아리스토텔레스의 철학과 과학은 결국 인간이 자신을 포함한 자연을 이해하는 커다란 두 줄기의 방법론이라고 할 수 있겠습니다.

초기에 자연학이라는 이름으로 출발한 과학은 시간이 흐름에 따라 물리학과 화학 그리고 생물학 등 세부 자연과학으로의 분화를 거치면서 오늘날에 이릅니다. 진화를 거듭한 과학에 비해 철학은 인문사회학의 배아의 역할을 잊은 채 진화를 멈춘 듯이 보입니다. 그런데 진화를 멈춘 덕분임을 잊고 아직도 철학의 대상이 여전히 '모든 것'이라고 주장한다면 철학이야말로 실로 탐욕스러운 학문이거나 아니면 무책임한 학문이라는 소리를 듣게 되지는 않을까요?

그래서 이제는 과학과 마찬가지로 철학도 더 이상 특정 대상에 관한 세부적 탐구가 아니라 하나의 방법론이라는 원래의 틀로 되돌려 놓아야 하지 않을까 하는 생각을 해 봅니다. 오늘날 과학 그 자체가 하나의 전공과목일 수 없듯이 철학 또한 그 자체가 하나의 전공과목이기에는 무한에 가까운 스펙트럼이 어쩐지 버거워 보인다는 것도 또 하나의 이유이기는 합니다만.

일찍이 소크라테스는 진정한 앎이란 인간이 무엇을 위해 사는가를 탐구하는 가치의 문제임을 설파한 바 있습니다. 이렇게 본다면 철학은 가치의 원천인 실재를 바탕으로 이루어진다고 볼 수 있겠습니다. 그러나 철학의 역사에서 지나친 객관성의 강조로 말미암아 진정으로 가치 있는 존재의 확인을 위한 실재성의 문제는 본질에 대한 환상을 낳고 만 것 같습니다. 이렇게 엉뚱한 길을 재촉하느라 철학이 초심을 망각한다면 언젠가는 '현대판 소피스트'라는 말을 듣게 되는 날이 올지도 모릅니다.

철학은 가치의 문제를 다루는데, 가치의 문제는 실재성에 기초하는 선호의 문제입니다. 그런데 한편 가치를 다루는 학문은 윤리학이니 사실 철학은 윤리학의 다른 이름으로 보아야 할지도 모릅니다. 가치와 관련해서 생각해 보면 인생이란 과정은 가치의 지형도를 만들어 나가는 과정으로 풀이할 수 있겠습니다. 여기서 철학이 기초하고 있는 실재성이 불투명해지면 종교로의 탈바꿈이 일어나게 됨을 알아야 합니다.

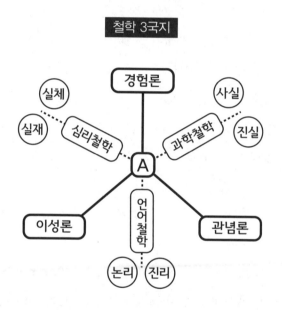

철학 3국지

가치의 지형도가 바탕을 두는 사물은 사건과 물건을 뜻하는데, 사건은 변화를 근본으로 하고 물건은 분포를 근본으로 합니다. 가치 지형도의 바탕을 이루는 사물은 물리적 대상인 실체로서 감각 작용의 원인이 됩니다. 감각 작용의 결과는 자극이라는 형태로 나타나는데, 감각 작용의 주체에게는 결국 사건의 변화와 물건의 분포라는 개념으로 인식됩니다. 사건의 변화는 시간 지형도를 만들어 내고, 물건의 분포는 공간 지형도를 만들어 내는데 시간 지형도와 공간 지형도가 결합됨으로써 마침내 가치의 지형도가 완성됩니다.

그렇다면 인생은 자기 발견의 과정이 아니라 자기 창조의 과정으로 보아야 할 것입니다. 가치는 원래부터 자기 내부에 감추어져 있는 것이 아닙니다. 주위 환경과의 끊임없는 상호작용을 통해 자기만의 가치를 만들어 가는 과정이 바로 인생이라는 말입니다.

가치의 문제는 당연히 존재의 문제와 관련될 수밖에 없습니다. 존재를 표현하는 단어로는 실체와 실재가 있는데, 가치의 결정 과정에는 실체와 실재가 모두 관련됩니다. 즉 물리적 대상인 실체의 가치뿐만 아니라 심리적 대상인 실재의 가치도 중요한 역할을 한다는 말입니다. 이렇게 가치의 문제는 주관성으로 표현되는 감정이 포함되어 있어 쉽지 않은 문제입니다.

여기서 물리적 대상인 실체는 자연의 존재로 의식에 의한 물리적 단계를 통해 인식이 가능한 현상적 존재로서 고유개념입니다. 한편 심리적 대상인 실재는 존재의 존재로 마음에 의한 심리적 단계를 통해서만 이해가 가능한 추상적 존재로서 의존개념입니다.

이런 의미에서 본다면 마음에 구현되는 가상현실이란 결국 가치 지형도를 의미한다고 볼 수 있을 것입니다. 삶의 신체 과정을 통해 마음속에서 계속 업데이트되는 가치 지형도는 인생에서 때로는 지도의 역할을 하기도 하고, 때로는 조리법과 같은 역할을 하기도 합니다.

**간이 철학사와 실재의 문제

넓은 의미의 철학은 과학을 포함하여 지식 전반을 추구하는 인간의 노력을 뜻합니다. 그러나 좁은 의미의 철학은 존재에 대한 탐색, 즉 형이상학으로 보아도 좋을 것입니다. 존재에 대한 탐색은 곧 실재에 관한 탐구이기도 합니다. 여기서 형이상학을 일컫는 'metaphysics'라는 용어는 원래 아리스토텔레스의 저서 중 『자연학Physis』이라는 책의 뒤쪽에 그가 '제1철학'이라고 부른 존재에 관한 탐구를 따로 묶어 놓았다고 해서 서양 학자들이 붙인 이름입니다.

형이상학을 일컫는 'metaphysics'라는 단어 속의 'meta'라는 접두사에 대한 해석은 '이후'와 '이상'의 두 가지가 가능한데, 『자연학Physis』이라는 책의 뒤쪽에 따로 묶어 놓은 부분의 이름이니 당연히 '형이후학形而後学'라는 이름이 어울린다고 보아야 합니다. 한데 문제는 일본의 학자들이 'metaphysics'를 『주역』의 《계사》에 나오는 표현을 빌려서 '형이상학形而上学'으로 번역했고, 그 이름이 그대로 굳어져 오늘날까지 이어져 내려오고 있다는 것입니다.

탈레스 등 고대 그리스의 자연철학자들이 "있는 것이란 곧 '***'이다."라는 주장을 펼쳤다는 점에서 형이상학의 효시로 볼 수도 있겠습니다만 형이상학의 본격적인 논의의 틀은 헤라클레이토스와 파르메니데스 때부터 마련되었다고 보아야 할 것입니다. 특히 파르메니데스는 변화하지 않는 것만이 진짜 존재하는 것이고, 변화하는 현상은 전부 가짜라고 변화와 존재에 관한 주장을 폅니다.

흔히 인류 최초의 철학자로 간주되는 탈레스가 "만물의 원리는 물이다."라고 선언한 데 이어, 아낙시만드로스는 "만물의 원리는 무한자 이다."라고 주장했고, 아낙시메네스는 "만물의 원리는 공기다."라는 주장을 폅니다. 이는 세계를 움직이는 원리에 대해 기본 단위라는 존재론적 입장에서 살펴보겠다는 생각들입니다.

한편 이에 대해 "만물의 원리는 수다."라고 대응한 피타고라스의 주장은 세계를 움직이는 원리에 대해 구성 원리라는 인식론적 입장에서 설파한 것으로 이렇게 고대 그리스 시대에서부터 인간의 사고에는 이미 존재론적 입장과 인식론적 입장이 공존했음은 자못 흥미로운 일이 아닐 수 없습니다.

"우리는 같은 강물에 결코 두 번 들어갈 수 없다."라고 하면서 "만물은 유전한다."라고 주장하던 헤라클레이토스에 이어서 파르메니데스는 "존재하는 것은 아무리 작아지더라도 사라지지는 않는다."라고 주장합니다. 존재만이 있고 운동은 없다는 그의 역설은 운동이 눈에 보이는 현실에 비추어 볼 때 분명히 틀린 주장임에도 불구하고 그리스의 현인들은 운동을 부정하는 그의 역설에 대한 적절한 반론을 찾지 못합니다.

이에 대해 원자론으로 유명한 데모크리토스가 운동의 부정에 대한 파르메니데스의 주장을 공격하기 위하여 마침내 '존재하지 않는 것의 존재'를 선언하기에 이릅니다. 즉 데모크리토스는 "존재하지 않는 것은 존재하는 것 못지않게 존재한다."라고 맞받아치게 되는데, 이 시대에 벌써 존재와 관련하여 실재론적 논쟁이 있었음은 또한 놀라운 일이 아닐 수 없습니다.

여기서 중요한 문제는 이로 인해 〈있음의 없음〉이라는 인식의 문제가 〈없음의 있음〉이라는 존재의 문제로 탈바꿈하는 논리의 비약이 일어나게 된다는 사실입니다. 다시 말해 데모크리토스의 주장은 서양철학에서 '존재의 부재'라는 열림의 논리가 '부재의 존재'라는 닫힘의 논리로 바뀌는 중요한 계기가 되는 사건인 것입니다.

고대 그리스에 소피스트의 시대가 도래합니다. 당시 언어의 전문교사로 알려진 소피스트 중의 하나인 프로타고라스는 "인간은 만물의 척도다."라고 말함으로써 말을 엄밀히 사용해서 세계를 정확하게 이해하려는 것은 처음부터 무리라는 주장을 폅니다. 왜냐하면, 말이란 것은 무엇으로라도 사용할 수 있기 때문입니다.

또한, 사물의 존재는 인간의 의식 없이는 있을 수 없다고 주장한 고르기아스를 들 수 있는데, 그는 "아무것도 존재하지 않는다. 존재한다 해도 이해되지 않는다. 이해된다 해도 남에게 전할 수 없다."라고 주장합니다. 그는 사물의 존재와 그것에 관한 인간의 사고는 일치하지 않는다고 하면서 인간의 지각이나 의식을 정확하게 드러내는 것은 불가능하다고 주장합니다. 이러한 주장들은 현대 철학의 입장에서 보아도 의미가 큰 철학적 언명들임을 알 수 있습니다.

이러한 언어의 기교에 치우친 철학의 행태를 못마땅하게 여긴 소크라테스는 "진정한 앎이란 '인간이 무엇을 위해 사는가?'라는 문제에 대해 답해야 한다."라고 주장하며 철학자들의 각성을 촉구하기에 이릅니다. 이로써 인간은 비로소 진정한 지식의 문제에 관심을 기울이기 시작하게 됩니다.

소크라테스의 영향을 크게 받은 플라톤 또한 존재의 본질 문제에 관심을 갖게 됩니다. 그는 "정말로 존재하는 것은 눈앞에 있는 시공간 상의 물체가 아니라 이를 초월한 불변하는 형상이다."라고 주장하게 되는데, 이는 개별자와 보편자를 나누고 보편자를 우선시하는 최초의 본격적인 입장으로 여겨집니다.

이를 비판적으로 계승한 아리스토텔레스는, 한편으로는 모든 존재와 생성의 보편적 근원인 '부동의 원동자' 혹은 '제1실체'를 상정한다는 점에서 기존의 연구를 계승합니다. 하지만 다른 한편으로는 감각적/현실적/개별적인 것들이 모여 보편적인 종을 이룬다고 보는 점에서 플라톤과는 다른 입장을 제시하게 됩니다.

여러 가지 개개의 침대는 실재가 아니며, 오직 그 이데아의 가상에 의해 만들어졌을 따름이라고 주장한 플라톤은 "실재는 스스로 존재하는 것이다."라고 선언합니다. 그는 또한 실재는 감각기관에 의해 지각되는 것이 아니라 현상의 배후에 있으므로 이성에 의해서만 인식되는 초월적 존재라고 주장합니다.

이데아는 세상을 이루는 근본으로 불변이며, 정확하고 엄밀한 특성을 갖습니다. 플라톤의 철학은 진리의 원천을 이데아에 두고 궁극적 가치를 설정합니다. 한편 아리스토텔레스는 진리의 원천을 에이도스에 두고 궁극적 가치를 설정하는데 흥미롭게도 에이도스는 이데아와 동의어입니다.

개체로서 존재하는 사물은 시간의 흐름에 따라 변화를 겪게 마련입니다. "존재자는 여러 방식으로 이야기된다."라는 주장을 편 아리스토텔레스는 이러한 변화 가운데에 개체로서의 동일성을 유지하는 불변성이 존재한다고 보고 이를 '우시아'라고 부릅니다. 원래 우시아라는 개념은 아리스토텔레스가 그의 스승인 플라톤의 이데아라는 개념에 반대하여 주장한 것입니다.

모든 존재하는 것들은 어떤 범주이든 개별 범주에 속할 것이지만, '존재하는 것'이라는 그 자체는 어떠한 개별 범주에도 속하지 않을 것입니다. 그래서 아리스토텔레스는 마침내 '존재하는 것으로서의 존재'에 대한 별도의 탐구를 고려하기에 이릅니다. 아리스토텔레스는 이러한 '존재의 존재'가 개별 범주가 아니라 범주 자체를 의미한다는 것을 깨닫게 되었을 것입니다.

> 철학은 하나의 나무와 같은데, 그 뿌리는 형이상학이요, 그 줄기는 자연학이요, 또 그 줄기로부터 뻗어 있는 가지는 다른 여러 학문이다.
> – 데카르트

아리스토텔레스가 다양한 유형의 실체를 상정한 것과 달리 기계론적인 사유에 영향을 받은 데카르트는 물질과 정신이라는 두 가지 실체만이 존재한다고 주장한 이원론을 제시합니다. 데카르트의 이성주의적 접근법은 스피노자에게 이어져 일원론임과 동시에 범신론에 해당하는 당대의 이단적인 학설로 이어집니다. 그리고 모나드와 가능 세계로 유명한 라이프니츠의 독창적인 형이상학으로 이어지기도 합니다.

한편 영국의 경험론적 전통은 형이상학 자체에 대한 문제의식을 발전시키는데 선구자격인 로크는 경험이 닿지 않는 형이상학적 실체를 인정한다는 점에서 문제의식을 완전히 성취하지는 못합니다. 버클리는 이런 실체, 특히 물리적 실체를 인정할 만한 근거가 없다는 논증을 펼침으로써 관념론을 옹호하게 됩니다. 사실 관념론이라는 단어는 라이프니츠에 의해 처음으로 사용되었는데, 그는 플라톤의 존재론을 데모크리토스 철학을 계승한 에피쿠로스의 유물론적 원자론과 대조시키기 위해서 이 단어를 사용했습니다.

이성의 오용을 최초로 지적한 사람이 바로 흄입니다. 흄은 실체나 인과성 등을 아예 거부하며 전통적인 형이상학과 결별해야 한다는 입장을 펼침으로써 근대 경험주의 전통을 확립하게 됩니다. "인간의 이성이나 탐구의 모든 대상은 당연히 두 종류, 즉 관념의 관계와 사실의 내용으로 나누어진다."라고 주장한 흄은 관념의 기원을 인상에서 찾고 있으며, 관념은 인상의 복제물로서 양자의 차이는 생기와 활기 정도의 차이밖에는 없다고 주장합니다. 이로 볼 때 흄은 앞서 메타경첩과 관련된 인간의 인지 기제에서 설명한 '현상자'와 '추상자'의 개념 차이에 대해 이해하고 있었던 듯이 보입니다.

흄은 원인과 결과의 필연적인 결합이 어디에서 유래하는가를 추적합니다. 그리고 이 결합에 대응하는 감각기관의 인상은 없다는 결론에 이릅니다. "이성은 정념의 노예이며, 오직 그래야만 한다."라고 주장한 흄은 이성에 대한 무비판적인 신뢰가 어떻게 독단에 빠지게 되는지 그리고 순수한 경험주의가 얼마나 터무니없는 것인지를 보여 줌으로써 칸트의 길을 열었다고 볼 수 있습니다.

스스로 코페르니쿠스적 전회라고 이름 붙인 사고의 전환을 통해 표상이 대상에 의존하는 것이 아니라 대상이 표상에 의존한다고 표상과 대상의 관계를 뒤집어 바라봄으로써 칸트는 철학의 과제를 새롭게 규정합니다. 쉽게 말해 아는 대로 보게 된다는 식의 실재에 대한 칸트의 새 관점은 언어가 위상공간이라는 가상공간에 현실 세계의 모형을 구축함으로써 실재로서 해독되는 가상현실을 구현한다고 제3장에서 소개한 마음 모형을 연상시킵니다.

> 인간 인식의 두 줄기가 있는데, 그것들은 아마도 하나의 공통의, 그러나 우리에게 잘 알려지지 않은, 뿌리로부터 생겨난 것으로 감성과 오성이 바로 그것이다. 전자를 통해 우리에게 대상이 주어지고, 반면에 후자를 통해 사고 된다. … 감성을 매개로 대상들은 우리에게 주어지는 것이고, 감성만이 우리에게 직관들을 제공한다. 그러나 이것들은 오성에 의해 사고 되며, 오성으로부터 개념들이 생겨난다.
>
> – 칸트

"감성이 없으면 어떤 대상도 우리에게 주어지지 않을 것이며, 오성이 없으면 어떠한 대상도 사유 되지 않을 것이다. 내용 없는 사고는 공허하며, 개념 없는 직관은 맹목이다."라는 칸트의 경구는 독단의 잠에서 깨어난 그의 깨달음을 잘 나타냅니다. 자연학은 앎을 제공하고 형이상학은 깨달음을 제공합니다. 따라서 자연학에 의한 전문성의 받침이 없는 철학은 허언일 뿐이고, 형이상학을 통한 통찰력의 받침이 없는 철학은 농언에 불과할 따름입니다.

흄의 철학을 접한 뒤 이른바 독단의 잠에서 깨어난 칸트는 흄의 회의론을 극복하기 위해 순수 이성이라는 도구를 제안하게 됩니다. 인간은 이성이라는 능력을 타고나는데, 바로 이 능력에 의해 인과성을 이해할 수 있게 된다는 주장입니다. 칸트의 저술에서 '순수'라는 용어는 '타고난'으로 바꿔 읽으면 이해가 쉬워집니다.

『순수 이성 비판』이라는 그의 저술에서 칸트는 경험을 넘어서는 사물 자체를 연구하려 시도하는 전통적인 형이상학이 원리상 불가능하다는 입장을 표명합니다. 그 대신 형이상학의 소임은 인간의 순수 이성의 범위를 규정하고 따지는 데 있다는 반실재론적 견해를 정식화하게 됩니다.

˙˙ 자연종과 인공종의 구분 문제

일찍이 아리스토텔레스는 대상의 구분에 '범주category'라는 개념을 사용했습니다. 근대에 이르러 과학에서는 대상의 구분을 위해 '종種 species'이라는 개념을 사용하게 됩니다. 그런가 하면 수학에서는 대상의 구분에 '집합set'이라는 개념을 사용합니다. 범주와 종 그리고 집합은 공통점도 있지만, 또한 차이점도 있습니다. 이러한 차이점에 대해 물리주의만으로는 부족하다고 느낀 자연주의 철학자들이 진화론에 기초한 개념으로 통합할 필요성을 느낀 결과 '자연종'이라는 개념을 내세우게 되었으리란 추측을 해 봅니다.

자연종은 조건에 의해 결정되는 수동성의 문제로 과학의 소관인 반면 인공종은 가지에 따라 선택되는 능동성의 문제로 철학의 소관으로 보아야 합니다. 생물학을 자연과학의 일부로 보기가 쉽지 않다는 이야기를 제1장에서 했습니다만 그 이유는 바로 능동성이라는 특성 때문입니다. 능동성의 문제를 다루는 생물학은 물리학과는 다른 과학적 배경을 지닌 학문으로 과학과 철학의 중간쯤에 위치하는 것처럼 보입니다.

자연주의 철학의 중요한 과제는 인간만이 가진 지향성을 어떻게 자연화할 것인가 하는 문제입니다. 본래 지향성이라는 개념은 브렌타노가 자연과 구분되는 인간의 특성을 설명하기 위해 고안한 개념입니다만 어떤 의미에서는 목적이라는 개념을 배제하고자 하는 의도에서 고안된 대용품으로 보입니다. 데넷의 경우는 지향적 설명과 목적론적 설명을 호환성이 있는 동전의 앞/뒷면과 같은 것으로 보지만, 결국 둘 다 현금화할 수 없는 것으로 치부합니다.

인식이라는 과정에는 주체와 객체 그리고 이 둘을 연결하는 매체가 필요합니다. 이렇게 주체와 객체가 연결된 인식이라는 문제는 파고 들어갈수록 본질에 가까워지기는커녕 마치 양파의 껍질을 벗기듯이 끝없는 순환, 즉 무한 소급이 되풀이될 뿐입니다. 이런 부질없는 논의는 소모적이기만 할 뿐 소득이 없다는 점을 깨달은 칸트는 마침내 무한 소급의 고리를 끊기 위한 장치를 마련하게 됩니다.

모든 인식은 경험과 더불어 시작되지만 그렇다고 모든 인식이 경험에서 생기는 것은 아니라는 것을 보여주고자 칸트는 인식의 주체와 객체로 향하는 양방향의 무한 소급 통로에 인식의 차단막을 치고, 그 사이에 객관성이라는 이름의 무대를 마련합니다. 이성을 과신하는 독단주의에 대한 처방으로 객체를 향하는 쪽에 친 물자체라는 차단막과 이성을 불신하는 회의주의에 대한 처방으로 주체를 향하는 쪽에 친 순수 이성이라는 차단막입니다.

또한, 칸트는 인식의 경험적 내용과 선험적 형식을 구분함으로써 주관성을 넘어 객관적 경험을 가능케 하는 기능인 초월성을 제안합니다. 칸트는 철학의 과제가 대상을 인식하는 데 있는 것이 아니라 대상의 인식 및 경험을 가능케 하는 조건들을 탐구하는 것이라고 새롭게 규정짓게 됩니다. 이러한 자신의 결단에 '코페르니쿠스적 전회'라고 이름 붙인 칸트는 초월철학적 관찰 방법을 통해 사물의 인식 가능성에 대한 물음을 근본적으로 새롭게 숙고하기 시작합니다.

보는 대로 알게 된다는 "현상은 인상이다."라는 흄식의 주관적 선언에서 아는 대로 보게 된다는 "인상이 현상이다."라는 칸트식의 초월적 주관의 선언으로 넘어가면서 철학의 흐름은 마침내 객관성의 확보를 시도하게 됩니다. 그러나 인과성의 참모습이 에너지로 이루어진 '시간의 둑'을 극복하는 과정이고, 객관성의 참모습은 공통 기준의 설정임을 제대로 이해하지 못하는 한 초월적 주관이라는 어정쩡한 공리 개념으로는 인간의 인지기제에 대한 올바른 이해가 쉽지 않아 보입니다.

> 같은 데이터를 다른 방식으로 해석하는 두 사람이 만날 때마다 거기에 형이상학이 존재하는 것이다.
>
> — 토마스 쿤

** 아리스토텔레스의 오해와 칸트의 오해

아리스토텔레스는 고유감각과 공통감각과 부수감각의 세 층위를 이용하여 인간의 인지능력인 지각 능력과 사유 능력 그리고 추론 능력을 설명합니다. 그리고 2,000년 후 칸트는 감성과 오성과 이성의 세 층위를 이용하여 인간의 인지 기제를 설명합니다. 두 사람 모두 인간의 인지기제를 세 층위로 나누어 생각했지만, 각자의 집합 모형은 뒤 글상자의 도표처럼 서로 공통 경계를 갖지 않습니다.

칸트가 느낌을 받아들이는 감각기관의 능력으로 정의한 감성은 아리스토텔레스의 고유감각을 포함합니다. 칸트가 감각되는 요소를 결합하는 관념화의 능력으로 정의한 오성은 아리스토텔레스의 공통감각에 포함됩니다. 그리고 칸트의 세 번째 층위인 오성에 의해 만들어진 관념의 사용을 지배하는 원리를 포함하는 이성은 아리스토텔레스의 부수감각에 상응합니다.

아리스토텔레스의 경우는 의식에 기초하는 물리적 단계인 지각 작용과 마음에 기초하는 심리적 단계인 사유 작용을 함께 묶음으로써 서로 다른 부류인 고유감각과 공통감각을 자체적이라는 같은 속성으로 분류하는 오류를 범합니다. 그리고 또 다른 심리적 단계인 추론 작용과 관련되는 부수감각만을 별도로 부수적이라는 속성으로 분류합니다.

이에 반해 칸트는 마음에 기초하는 심리적 단계인 사유 작용과 추론 작용을 함께 묶음으로써 오성과 이성을 개념적이라는 같은 속성으로 분류합니다. 그리고 이와는 다른 부류로 의식에 기초하는 물리적 단계인 지각 작용에 관여하는 감성만을 별도로 떼어내어 직접적이라는 속성으로 분류합니다.

아리스토텔레스와 칸트의 외연 비교		
아리스토텔레스	**인지작용**	**칸트**
고유감각	감각 작용	감성
공통감각	지각 작용	
	개념 작용	오성
부수감각	추상 작용	이성

비록 불완전한 형태이기는 하지만 물리적 단계와 형이상학적 단계의 구별이라는 입장에서는 칸트가 아리스토텔레스를 뛰어넘었다고도 할 수 있겠습니다. 그러나 형이상학적 단계의 분류에서는 칸트가 아리스토텔레스의 체제를 그대로 따름으로써 현상자와 추상자를 분리하지 못했고, 결국 고유개념과 의존개념을 구별해내지 못하는 미흡함을 남기게 됩니다.

칸트는 '포트 로열 논리학'이라는 이름으로 부활한 아리스토텔레스의 방법론을 사용하여 플라톤의 이데아에 대한 입증을 시도함으로써 플라톤과 아리스토텔레스의 융합을 꾀했던 것으로 보입니다. 그러나 아리스토텔레스의 인식론이 미완성임을 미처 알아차리지 못했던 그는 아리스토텔레스의 체계를 그대로 답습함으로써 소기의 목적을 이루고자 시도합니다.

인식 과정과 재인 과정의 두 단계를 명확히 구분하지 못함으로 인해 인간의 인지 과정을 세내로 파익하지 못한 칸트로서는 아리스토텔레스의 체계에 약간의 수정만을 가할 수 있었을 뿐, 결국 아리스토텔레스와 마찬가지로 불완전한 체계의 구성에 그치고 맙니다.

아리스토텔레스의 우시아를 물자체라는 존재로 규정함으로써 철학적 공리론을 제창한 칸트는 마침내 플라톤의 이데아를 관념론이라는 이름으로 발전시키고, 여기에 이른바 코페르니쿠스적 전회라는 개념 좌표축의 역변환까지도 시도해 보지만 아무래도 흄의 회의를 풀어버리기에는 힘에 부치는 듯 보입니다.

칸트가 깨달은 자연은 이율배반으로 이루어진 존재였습니다. 시간과 공간에는 한계가 존재하지만, 그 한계는 알 수 없습니다. 또한, 세계 내의 실체는 원자이긴 하지만 원자는 실재하지 않고, 자유에 대한 인과성 또한 필요하지만 오직 자연의 법칙만 존재할 뿐 자유는 없다는 것입니다. 칸트의 이율배반은 "존재한다. 그런데 인식할 수는 없다."라는 진술로 요약할 수 있을 것입니다.

흡사 말장난처럼 보이는 이율배반이라는 문제는 존재와 인식 사이의 괴리를 뜻합니다. 다시 말해 이율배반은 '현상자'와 '추상자' 사이의 혼동에서 비롯되는 문제로 볼 수 있는데, 의존개념의 정체를 정확하게 파악하지 않고서는 그 성격을 제대로 풀어낼 수 없는 과학과 철학 사이의 경계에 관한 문제인 것입니다.

칸트에 따르면 규칙의 능력인 오성은 현상을 통일하는 능력이고, 원리의 능력인 이성은 규칙을 통일하는 능력입니다. 즉 인간의 오성에 의해 파악되는 '인식이라는 그 무엇'은 자연학적 속성을 지니는 데 반해 이성에 의해 이해되는 '존재라는 그 무엇'은 형이상학적 속성을 지닌다는 말입니다.

그런데 존재하지만, 인식이 안 된다는 이율배반은 오히려 칸트 관념론의 한계를 드러내는 선언으로 들립니다. 오직 현상만을 바라보는 오성의 시야에는 관념으로 이루어진 이성의 세계가 결코 들어올 수 없습니다. 또한, 과학이라는 물리적 세계와 철학이라는 심리적 세계 사이의 소통 문제를 상호 불간섭주의로 밀어붙이기에는 구조적 근거가 취약할 뿐만 아니라 범주 오류에 의한 설명 방식도 논리적 근거가 빈약해 보입니다.

칸트는 아리스토텔레스의 방법론을 사용하여 플라톤의 이데아를 증명함으로써 관념론의 확립을 시도했던 것 같습니다. 그러나 '현상자'와 '추상자'를 제대로 구분하지 못한 칸트의 관념론은 불가지론의 완곡한 표현으로 보이는 이율배반이라는 모순을 품은 채 과학과 철학의 경계를 배회하는 듯 보입니다.

•• 철학은 각성의 열쇠

실재라는 존재의 문제에 있어서는 경험이 중요한 역할을 합니다. 이렇게 존재와 경험이라는 인식의 문제와 관련해서는 칸트의 이야기에 귀를 기울여 보는 것도 유익합니다. 칸트에 따르면 무엇이 존재하는 것으로 판단될 때는 그것이 우리가 받아들이는 경험적 이론 중 하나 속에 자리를 차지하고, 결국엔 순수 오성 원칙들의 테두리 속에 끼워지기 때문이라고 합니다.

칸트는 대상에 존재술어를 부여힐 수 있는 조건들을 탐구합니다. 그는 현존 및 존재를 범주로 규정하고, 범주의 유효성을 경험 가능 조건들 아래, 즉 시간과 공간들 속으로 제한합니다. 이에 따르면 객관적 타당성이 부여될 수 있는 판단들은 경험 가능한 대상 영역, 즉 현상들로 국한됩니다.

다른 말로 하면 인식의 대상들은 항상 관찰을 바탕으로 하는 이론에 의해 제약됩니다. 경험을 바탕으로 한 이론과 독립해서는 아무 것도 경험 및 인식의 실재 대상으로 간주될 수 없고, 아무것도 존재하는 것으로 주장될 수 없습니다. 칸트의 이러한 설명은 아인슈타인과 하이젠베르크 사이에 있었던 과학적 실재에 대한 논쟁을 떠오르게 합니다.

> 경험 진행의 법칙들에 쫓아서 지각과 합치하는 것은 일체가 현실적이다.
> – 칸트

존재술어 부여의 조건들에 대한 칸트의 견해는 무엇이 하나의 이론 테두리 안에서 해석될 수 있다면 그것은 존재한다고 판단된다고 요약할 수 있을 것입니다. 이러한 의미로 칸트는 온갖 존재에 관한 우리의 의식은 전적으로 경험의 통일에 귀속한다고 말합니다.

칸트는 '관찰되는 것'에만 존재술어를 부여하려 하지 않고, 특정한 조건들 아래서는 '관찰될 수 있는 것'에도 존재술어를 부여합니다. 그리고 한 걸음 더 나아가 상황에 따라서 '경험에서 얻어지지 않는 개념들'에도 존재술어가 부여될 수 있다는 것을 인정합니다. 칸트의 말을 직접 들어 봅니다.

📖 "사물의 현실성을 인식하기 위한 요청은 지각을 요구하고, 따라서 의식된 감각을 요구한다. 물론 대상의 현존이 인식되어야 할 그런 대상 자신에 관해서 직접적으로 의식된 지각은 아니지만, 경험 일반에 있어서 모든 실재적 연결을 나타내는 경험의 유추에 따른 현실적 지각과 대상의 현존과의 관련을 요구한다."

과학이 생존의 열쇠라면, 철학은 각성의 열쇠임을 깨달은 제1세대 철학자로는 소크라테스를 꼽을 수 있을 것입니다. 또한, 칸트는 제1.5세대 각성의 철학자가 되겠고, 이를 잇는 제2세대 각성의 철학자로는 니체를 들 수 있겠습니다. 니체의 고민은 서양 세계가 앓아온 역사적 질환과 이를 치료하기 위한 처방이었습니다. 서양 세계가 앓고 있는 역사적 질환의 뿌리로 플라톤의 사상과 기독교의 초월적 이념과 신앙을 지목한 니체는 이들 이념과 신앙을 하나로 묶어 '신神'이라 부르고는 '신神'의 죽음을 선언하기에 이릅니다.

신의 죽음으로써 질환의 뿌리는 제거되겠지만 그렇다고 인간이 곧 건강을 되찾는 것은 아닙니다. 문제는 그동안 인간의 존재 의미이자 가치의 토대였던 신이 죽음으로써 인간의 존재 의미가 상실되고 가치의 토대가 붕괴되면서 무엇을 하든 의미가 없고, 가치가 없다는 허무주의가 신을 잃은 인간을 덮쳐오게 되기 때문입니다.

신의 죽음이 허무주의로 끝나는 것이라면 그 죽음은 곧 인간의 죽음이 될 것이고, 그것은 결코 니체가 기대한 것이 아닙니다. 신의 죽음은 인간에게 진정한 해방이 되어야 합니다. 이렇게 진정으로 해방된 인간은 신의 족쇄에서 벗어나 본래의 인간으로 돌아가야 합니다.

허무주의를 극복할 수 있는 길은 옛 신에 근원을 둔 낡은 가치를 파기하고, 새로운 가치를 세우고, 그 속에서 존재 의미를 회복하는 데 있습니다. 니체는 이 작업을 가치의 전도라고 부르는데, 이때의 새로운 가치는 본연의 가치, 즉 도덕 이전의 자연적 가치를 가리킵니다.

자연은 다양한 형태의 힘이 지배하는 힘의 세계입니다. 자연을 움직이는 것은 신도 신적 섭리도 아닙니다. 자연은 도덕적 실체가 아닙니다. 따라서 자연에는 선도 없고 악도 없습니다. 다만 더욱 많은 힘을 확보해 자기를 전개하려는 의지가 있을 뿐입니다.

공간이 유한하고 시간이 무한하다면 이미 존재하고 있는 것들의 끝없는 이합집산에 의한 순환이 있을 뿐입니다. 이른바 니체의 영원회귀 교설입니다. 영원한 회귀에는 단순한 반복이 있을 뿐입니다. 끝없는 단순 반복에 무슨 의미가 있을 것인가? 이때 인간을 엄습하는 것은 앞서 가치전도를 통해 극복할 수 있었던 허무주의가 아니라 출구가 보이지 않는 우주적인 허무주의입니다.

니체는 영원한 회귀가 우리의 운명이라면 운명을 사랑하라고 권합니다. 거기에 세계와 우리의 존재에 대한 최고 긍정이 있습니다. 운명에 대한 사랑, 이것이 바로 니체가 요구하는 '운명애'입니다. 이 경지에서 비로소 허무주의는 극복됩니다.

그런데 문제는 초월적 이념과 이상 속에서 왜소해질 대로 왜소해진 인간에게 신의 죽음을 받아들여 가치를 전도시키고 허무주의 속에서 자신의 운명을 사랑할 힘이 있는가 하는 것입니다. 인간에게는 그럴 힘이 없다고 니체는 보았습니다. 그렇다면 인간이 달라져야 합니다. 존재하는 것들을 있는 그대로 받아들일 힘을 지닌 강한 인간으로 거듭나야 합니다.

이렇게 거듭난 인간이 '위버멘쉬', 즉 초인간으로 인간이 성취할 최고 유형의 인간입니다. 이로써 인간은 신의 족쇄에서 벗어나 본래의 인간으로 돌아갈 수 있게 된다고 니체는 말합니다. 그런데 '시간의 둑'을 극복하는 인생이라는 과정에 반복이란 존재하지 않는다는 사실을 니체는 알지 못했습니다. 하루하루가 다 좋은 날이라는 '일일시호일日日是好日'의 화두를 살아가는 인간은 이미 위버멘쉬인 것입니다.

위버멘쉬와 관련해서 인공지능의 진화를 생각해 봅니다. 인공지능의 능력은 인간이 창조했음에도 불구하고 인간의 능력을 웃도는 경우가 많습니다. 마침내 인공지능이 의식을 갖추게 되고 이어서 자신의 창조주의 능력이 자신들에 못 미친다는 사실을 알게 된다면 그때 그들은 과연 어떤 느낌을 갖게 될까요?

서산대사의 일침	
踏雪野中去	눈 덮인 들판을 걸어갈 때는
不須胡亂行	모름지기 함부로 어지럽게 걷지 마라
今日我行跡	오늘 걷는 나의 발자취가
遂作後人程	뒤따라오는 이의 길잡이가 될 터이니

°°동양의 지혜

흔히 과학의 대척점이 종교라고 생각하기 쉽습니다만 과학은 실재의 문제를 다루는 것이 아니라 현상의 문제를 다루기 때문에 그

대척점은 종교가 아니라 객관성이 결여된 해석을 뜻하는 미신임을 알 수 있습니다. 그리고 실재의 문제를 다루는 종교는 사실은 또 다른 실재의 문제를 다루는 철학의 대척점임을 알 수 있습니다.

과학은 관찰을 통해 책력을 만들고, 미신은 책력을 통해 운명을 점칩니다. 책력은 편의성에 따라서 바뀔 수 있습니다. 문제는 책력이 바뀌면 운명도 바뀌는가 하는 것입니다. 이와 비슷하게 실재성이 불투명한 가치에 기반을 둔 채 통치 이념으로 활용되어 오던 종교가 과학의 발전으로 인해 새로운 시험에 마주치게 됩니다.

특히 뇌신경과학의 눈부신 발전을 통해 밝혀지고 있는 인간의 의식에 관한 비밀은 거의 모든 종교에 있어 그 존립마저도 위태롭게 하고 있습니다. 그런데 유독 뇌신경과학의 발전이 오히려 긍정적인 효과를 미치는 종교가 있습니다. 바로 석가의 주장인 불교인데, 불교의 핵심 개념은 철학이라 불러도 좋을 정도입니다.

석가는 자연에서 일어나는 사건들의 관계에 대해 연기라는 독특한 주장을 펼치는데, 연기관계에는 흥미롭게도 제1장에서 얘기한 인과관계와 명제관계의 개념이 모두 포함되어 있습니다. 하지만 그는 인과관계와 명제관계라는 두 개념의 차이를 개연성의 유·무를 통해 명확히 구분하지 못함으로 인해 연기를 복잡하게 네 가지 경우로 나누어서 풀이하게 됩니다.

내가 이렇게 들었노라 하고 "여시아문如是我聞"으로 시작되는 석가의 입장을 기록한 글들은 마음의 본질을 공으로 봅니다. 이는 앞서 이야기한 바와 같이 관념으로 이루어지는 가상공간에 구현되는 가상현실에 대한 묘사와 흡사한 면이 있습니다. 물론 여기서 마음이라는 가상현실이 보여주는 가공력의 본질이 사실은 인간만이 갖춘 독특한 강점임을 놓친다면 마음은 석가의 주장처럼 한낱 환상으로 오인될 여지가 있기는 합니다.

비록 실체는 아니지만, 실재라는 의미에서 마음이라는 가상현실의 구축물이 바로 현실 세계라는 사실을 명심해야 합니다. 이런 의미에서 마음의 겉모습과 참모습을 제대로 구분하지 않고 풀어내는 석가의 주장은 지혜로움에도 불구하고 방편에 그친다는 느낌을 지울 수 없습니다. 결국, 우리네 인생은 각자가 "나는 이렇게 보았노라."라는 '여시아견如是我見'의 길임을 안다면 마찰을 줄일 수 있습니다.

> 메타포들은 아이디어를 생산하는 아이디어가 될 수 있습니다.
> 여러 특수한 상황에 동일한 메타포가 적용된다는 면에서 메타포를 패턴이라고 말할 수 있는데, 그중에서도 특히 보편적 패턴이라고 할 만한 것들이 있습니다.
> 어디에나 적용 가능한 그야말로 우주적인 패턴이지요.
> 예를 들자면, 음양오행, 주역 같은 것들입니다.
>
> – 문용직

동양의 지혜라고 할 수 있는 동양철학은 동양에서 자연을 바라보는 입장 및 작업의 총칭이므로 사실 과학을 함축하고 있다고 보아야 합니다. 이러한 동양철학 중에서 특히 노자의 철학이 심오한 사상 중의 하나로 간주됩니다. 도덕경에 나타난 대로 도道에 근거하는 무위의 철학으로 대변되는 그의 주장은 공자의 '비도홍인非道弘人'이라는 인仁의 철학과 대비되어 왔습니다. 그런데 노자는 자신의 주장이 사실은 작위적 교육에 의해 성취된 것이라는 점을 애써 외면하고 있는 듯이 보입니다.

노자의 철학이 하늘은 균형을 이루어 평형을 향한다는 '선행후도'의 개념이라면 공자의 철학은 인간은 치우쳐 편형을 향한다는 '선도후행'의 개념이라 할 수 있겠습니다. 무릇 길이란 사람이 다님으로써 생기는 것이지만 사람의 수가 늘어나게 되면 길을 먼저 닦아 놓고 사람이 다니게 됩니다. 즉 선행후도인가 아니면 선도후행인가 하는 문제는 사회라는 조직의 규모가 중요한 변수가 되어 결정하는 문제입니다.

이런 관점에서 본다면 노자의 도덕경은 도회에서 시골로 낙향하며 남긴 글이 아니라 거꾸로 시골에서 도회로 입성하면서 남긴 글로 추정됩니다. 어쨌든 이러한 인생의 길과 관련된 논의 중에서는 타고난 업과 지나온 습이 함께 결정한다는 석가의 '근기정도'라는 주장에 더 귀가 솔깃해집니다. 특히 겨자씨 속에 수미산이 들어 있다는 석가의 설법은 마치 생명의 정보적 구조와 마음의 위상공간적 특성을 이해한 설명처럼 보여 흥미롭습니다.

길[道]을 찾아가는 동양식 지혜의 과정은 길듦과 앎 그리고 깨달음의 세 단계를 거친다고 할 수 있겠습니다. 어떤 내용이든 되풀이해 접하다 보면 문득 내용이 통하는 듯한 느낌이 들 때가 오는데, 이 단계가 바로 암기에 의한 길듦의 단계입니다. 그러나 이때 내용이 통한다는 느낌은 순서의 기억에 의한 익숙함에서 오는 착각입니다.

다음으로 형식을 이해하게 되면 앎의 단계에 들어서는데, 형식의 이해란 논리의 이해를 뜻합니다. 이 단계에서는 내용의 전개가 한 눈에 들어오는 듯한 느낌이 들게 되는데, 이는 관계의 재구성이 가능해지고 전체적인 조감이 가능해지면서 나타나는 환각입니다. 특히 수학에 대한 이해의 과정이 이에 해당한다고 볼 수 있겠습니다.

끝으로 내용을 터득하게 되면 깨달음의 단계에 들어서게 됩니다. 내용의 터득이란 의미의 파악을 뜻합니다. 앎이 접근의 문제라면 깨달음은 통과의 문제입니다. 깨달음의 단계에서는 무엇이든 아무런 걸림 없이 새로운 내용으로 풀어 보일 수 있게 됩니다. 이 단계에서는 이윽고 의문의 경계가 곧 언어의 경계요, 언어의 경계는 다름 아닌 마음의 경계임이 드러나게 됩니다.

> "여보게, 공자孔子! 길이란 정해져 있는 게 아니야!
> 천향평형天向平衡 선행후도先行後道!
> 사람들이 다니면 그게 곧 길이 되는 게야!"
>
> "어허, 노자老子! 길이란 정해져 있는 걸세!
> 인향편형人向偏衡 선도후행先道後行!
> 사람들은 모름지기 정해진 길로 다녀야 하는 걸세!"
>
> "이보게들, 근기정도根機定道! 근기가 길을 결정한다네!"

제4장

꼬리를 물고 도는 뱀,
우로보로스의 덫

1. 상대론과 시간의 고무줄

> 시간을 구간으로 나누는 것은 그리스인에게 그저 머릿속에서 하는 행동이
> 었다. 시간에 무한히 나눌 수 있다는 특징을 부여하는 것은 시간을 기하학
> 적인 선으로 나타내는 것, 지속 기간을 연장선과 동일시하는 것과 마찬가지
> 이다. 그것이 역학의 기하학화를 향한 첫걸음이다.
>
> – 단치히

** 회전목마의 상대론: 상대론의 관찰자는 누구인가?

『인터스텔라』라는 영화를 보면 블랙홀 근처에 있는 외계 행성에서
의 1시간이 지구에서는 7년의 세월에 해당한다는 설명이 나옵니다.
물론 상대론이 동원된 설명입니다. 그러면서 영화는 외계 행성에 있
는 아버지에게는 몇 시간밖에 안 흘렀지만, 지구에 있는 딸에게는
몇십 년이 흐른 상황을 번갈아 보여 줍니다.

그렇다면 외계 행성에 있는 아버지의 시간과 지구에 있는 딸의 시
간이 그렇게 차이가 난다는 것을 동시에 보여주는 '카메라'는 과연
누구며, 어디에 있는지 그 과학적 의미를 묻는 사람이 있습니다. 과
학인문학을 제안한 라투르라는 인문학사인네, 사실 그의 질문은─
정작 본인은 제대로 이해하지 못한 것으로 보이지만 ─'측정'에 대한
조작상의 정의를 묻고 있는 셈입니다.

라투르는 상대론의 실험에서 각 좌표계는 자기 좌표계의 현상만

을 관찰할 수 있을 뿐 상대 좌표계의 현상은 실시간으로 관찰할 수 없다고 보았습니다. 즉 각 관성계에서는 갈릴레오의 상대성원리에 따라 물리적 현상이 같겠지만, 이렇게 같다는 사실을 두 좌표계의 관찰자 중 그 누구도 '동시'에 알 수는 없다는 것입니다. 두 좌표계의 현상을 함께 알기 위해서는 두 좌표계로부터 '동시'에 정보를 받는 제3의 존재, 즉 해석자가 필요하다는 것이 그의 결론입니다.

상대론의 실험에 필요한 관찰자의 위치를 실시간으로 특정코자 했던 라투르의 제안에 대해 소칼이라는 물리학자는 『지적 사기』라는 책에서 라투르가 상대론이라는 물리학을 제대로 이해하지 못하고 있다고 몰아붙입니다. 소칼은 아인슈타인이 세 개의 좌표계에 대한 언급을 한 적이 없다고 주장하면서 아인슈타인이 생각한 '관찰자들'은 어디까지나 독자의 이해를 돕기 위해 가정한 허구였다고 서술합니다. 그러나 과학이 실험적 사실에 근거하는 학문일진대 허구의 관찰자란 개념은 과학적으로 지극히 위험한 개념입니다.

관찰은 관찰 대상과 관찰자 외에도 또한 관찰 수단이 필요합니다. 관찰 결과는 관찰 대상 즉 관찰물에 대한 정보이지만, 관찰 자체는 관찰 수단인 빛에 관한 문제입니다. 관찰 수단인 빛의 끝이 관찰자에게 도달함으로써 관찰이라는 작업이 완성됩니다. 즉 빛이 지나가는 길에서 관찰자가 빗겨 있다면 관찰은 일어나지 않습니다.

앞서 라투르의 주장에서 사실은 두 개 이상의 실험이라 하더라도 상대적 운동이 없는 동일한 좌표계의 다른 좌표점에서 행해진다면 행위자와 해석자가 같은 장내에 있게 되므로 문제가 없습니다. 그

러나 실험들이 상대적 운동이 있는 서로 다른 좌표계에서 이루어진
다면 행위자는 장내에 있는 반면 해석자는 장외에 있게 되어 문제가
생깁니다. 여기서 행위자가 반드시 인간일 필요는 없습니다.

『인터스텔라』라는 영화에서 아버지와 딸은 행위자에 해당하고, 카
메라는 해석자에 해당합니다. 라투르가 보기에 과학 이론은 실험에
기초를 두고 있으므로 상대론에도 당연히 행위자와 해석자가 존재해
야 합니다. 그런데 상대론을 들여다보면 정지계와 운동계에서 실험하
는 행위자는 비교적 명시적인데 비해 이를 종합하는 해석자, 즉 저자
의 위치가 분명치 않아 보인다는 것입니다.

상대성 이론이라는 용어 속의 '상대성'은 물체의 상태가 관찰자의
운동에 따라 상대적으로 보인다는 뜻으로, 예를 들면 날아가는 화살
은 짧아 보이고 시간은 고무줄마냥 늘어난다는 것입니다. 그런데 이
렇게 상대론이 상대적 운동에 관한 것일진대 이를 관찰하는 관찰자
의 위치가 과연 상대론 속에 명시적으로 언급되어 있을까요? 그리고
왜 상대론적 영향은 꼭 진행 방향으로만 일어나는 것이며, 이러한
공간의 왜곡은 누구에게 어떻게 관찰되는 것일까요?

관찰자에 대한 라투르의 의문은 앞서 얘기한 '니체의 굴뚝'과 관
련된 입장주의를 떠오르게 합니다. 라투르의 의문을 객관적으로 이
해하고자 뒤 글상자의 표현처럼 과학적인 형태로 바꾸어 봅니다. 관
찰자가 상태를 결정한다고 주상하는 양자론과 달리 상대론은 관찰
자가 없어도 관찰 결과가 주어진다는 주장으로 보아야 하는 것인지
헷갈리는 구석이 많습니다. 상대론에서 관찰자의 실시간 위치가 중요
한 이유는 상대론이 관찰을 탐구하는 이론이기 때문입니다.

운동하는 물체는 관찰자가 없어도 수축하는가?

상대론에서 관찰자의 위치 문제에 대한 이해를 돕기 위해 회전목마가 돌고 있는 놀이공원을 예로 들겠습니다. 여기서 놀이공원을 우주의 모형화로 본다면 회전목마가 놓여 있는 회전판은 지구의 모형화로 볼 수 있습니다. 그리고 놀이공원의 공기는 마이켈슨이 그의 실험에서 존재 여부를 확인코자 했던 에테르의 모형화입니다.

놀이공원에 바람이 불고 있지 않다면 놀이공원에 서 있는 사람은 바람을 전혀 체험하지 못합니다. 그러나 일정한 속도로 돌고 있는 회전판 위에 서 있는 사람은 회전판의 운동으로 인해 상대적인 맞바람을 체험하게 됩니다. 이러한 맞바람으로 인한 회전목마의 머리칼의 휘날림은 위아래의 두 관찰자 모두에게 실시간으로 관찰되겠지만, 관찰 결과의 해석은 맞바람의 체험 여부에 따라 다를 것입니다.

운동 해석의 차이로 이어지는 관찰 결과의 차이는 관찰자의 위치가 만들어 내는 문제입니다. 회전목마가 지구의 모형이라면 회전판의 맞바람은 이른바 '에테르 맞바람'이 되겠고, 회전판 위에서 맞바람을 체험하는 관찰자의 입장은 '지구인 모형'이 되겠습니다. '지구인 모형'의 관찰자에게는 회전목마가 놓여 있는 회전판이 상대적으로 정지 상태에 있으므로 '정지 모형'이라는 이름도 가능합니다.

한편 바람이 없는 놀이공원에 서서 회전목마를 바라보는 관찰자의 입장은 '외계인 모형'이라 부르겠습니다. '외계인 모형'의 관찰자에게는 회전목마가 놓여 있는 회전판이 상대적으로 운동 상태에 있으므로 '운동 모형'이라는 이름도 가능합니다. 이때 회전판 위에 서 있는 '지구인 모형'의 관찰자에게 체험되는 맞바람이 놀이공원에 서 있는 '외계인 모형'의 관찰자에게는 전혀 체험되지 않습니다.

지구에서의 관찰 결과도 이와 같습니다. 지구 주위에 에테르가 존재한다면 회전하는 지구에 있는 관찰자에게는 '지구인 모형'에 의한 관찰 결과와 마찬가지로 '에테르 맞바람'의 영향이 나타날 것입니다. 그러나 지구 바깥에 있는 관찰자에게는 '외계인 모형'에 의한 관찰 결과와 마찬가지로 '에테르 맞바람'이 아니라 지구의 운동에 따른 빛의 진로 변화만이 나타난다는 것을 명심해야 합니다.

•• 빛의 출생증명서: 관성효과와 편승효과

상대론은 빛에서 시작된 이야기이므로 상대론을 이해하기 위해서는 먼저 빛의 특성을 알아야 합니다. 현대판 상대론에는 대전제가 있는데, 바로 광속도 일정 원리입니다. 어떤 상태에서 측정하든 빛의 속도는 모두 같다는 말입니다. 그런데 이렇게 모든 좌표계에서 빛의 속도가 똑같다는 사실을 과연 어떻게 모두가 알 수 있는지 물은 사람이 라투르라는 인문학자라고 앞서 말했습니다.

빛의 움직임은 흔히 공간이라고 부르는 물리적 진공의 유전체 특성과 관련이 있습니다. 진공의 유전체의 상숫값으로 표현되는 빛의 속도에는 두 가지 특이한 성질이 있음이 과학적인 실험을 통해 알려져 있습니다. 즉 관찰자와 광원 사이의 상대적 운동에서 비롯되는 '관성효과'가 첫 번째 특성이고, 다음으로 관찰자와 매질 사이의 상대적 운동에서 비롯되는 '편승효과'가 두 번째 특성입니다.

모든 빛은 똑같은 상대속도로 태어납니다. 즉 빛은 자기를 방출한 광원의 속도를 관성효과로서 안고 출발하기 때문에 좌표계와 관계없이 광원에 대해 동일한 상대속도를 갖게 됩니다. 따라서 정지계든, 운동계든 어느 좌표계에서든 관찰자와 광원의 상대적 운동이 없다면 광속은 언제나 똑같은 값으로 측정됩니다. 바로 이러한 사실이야말로 진정한 광속도 일정 원리의 내용으로 보입니다.

이렇게 모든 빛은 동일한 출생증명서를 갖고 태어나지만, 탄생 이후의 움직임은 빛이 겪는 환경에 따라 변하게 됩니다. 어느 계에서나 똑같은 상대속도로 광원을 출발한 빛은 매질을 거쳐 마침내 눈에 도달하게 됩니다. 그런데 매질을 통과하는 빛의 속도는 매질의 밀도에 반비례하는 값으로 바뀌게 됩니다. 특히 이때 만일 매질이 광원과 다른 속도로 움직이고 있다면 빛의 속도는 매질의 상대속도가 편승효과로서 합성되어 관찰됩니다.

광원의 속도와 같은 속도로 운동하는 모든 관찰자에게는 빛의 속도가 모두 똑같이 관찰됩니다. 그러나 광원과 다른 상대속도로 운동하는 관찰자에게는 둘 사이의 속도 차로 인해 빛의 속도가 다르게 관찰됩니다. 이러한 관성효과는 '광행차'라 부르는 현상으로 1729년 브래들리에 의해 실험적으로 확인됩니다. 브래들리는 우주의 먼 별로부터 지구로 입사하는 빛의 광행차를 이용하여 빛의 속도를 측정한 바 있습니다.

광행차 현상은 거리에 내리는 비의 경우를 생각하면 이해가 쉽습니다. 바람이 없는 날 정거장에 서서 바라보면 수직으로 내리는 것으로 보이는 비가 거리를 달리는 차 안에서 바라보면 비스듬히 내리는 것으로 보이게 됩니다. 이 예에서 '비'를 '빛'으로 바꾸고 달리는 '차'를 '지구'로 바꾸면 이른바 광행차 현상이 됩니다.

즉 광행차 현상이란 지구와 다른 움직임을 가진 별로부터 지구의 표면을 향해 수직으로 입사하는 빛의 움직임이 지구에서 보면 지구의 상대적인 운동 속도로 인해 수직 방향이 아니라 비스듬히 기울어진 상태로 관찰되는 현상을 말합니다.

빛이 운동하고 있는 매질을 통과한다면 매질의 상대적인 운동 속도에 올라타는 편승효과가 일어나게 됩니다. 이러한 편승효과는 1818년 프레넬에 의해 이론적으로 주장되었고, 이어서 1851년 피조가 움직이는 동유체 실험을 통해 실제로 빛의 속도가 다르게 측정됨을 밝힘으로써 확인됩니다.

만일 지구를 둘러싸고 있는 공간에 에테르라고 부르는 빛의 매질이 퍼져 있다면 앞서 회전목마의 예처럼 지구의 회전으로 인한 상대적인 운동의 결과로 지구에는 이른바 '에테르 맞바람'이 일어날 것입니다. 그리고 에테르라는 매질의 상대적인 운동에 따른 편승효과로 인해 빛의 속도가 진행 방향에 따라 차이를 보일 것입니다.

일찍이 전자기학을 집대성한 맥스웰이 제안한 바대로 지구의 움직임과 평행한 방향과 수직인 방향의 두 방향으로 빛을 진행시키는 실험을 한다면 '에테르 맞바람'의 영향으로 인해 프레넬-피조의 편승효과에 의한 광로차를 보일 것이고, 그 결과 간섭무늬가 관찰될 것이라고 마이켈슨은 추정합니다.

여기서 중요한 점은 관성효과가 광원의 운동과 상이한 운동을 하는 관찰자, 즉 상대적으로 운동 상태에 있는 관찰자에게 관찰되는 반면 편승효과는 광원의 운동과 동일한 운동을 하는 관찰자, 즉 상대적으로 정지 상태에 있는 관찰자에게 관찰된다는 점입니다.

상대론의 3총사

관점	가정	결론
마이켈슨	에테르 맞바람이 있다면 피조효과가 있음	피조효과가 없으므로 에테르 맞바람은 없음
로렌츠	피조효과도 있고, 마이켈슨 실험도 옳음	실험 장치가 수축하므로 피조효과가 상쇄됨
아인슈타인	빛의 속도가 일정함	이동 거리가 수축함

상대론은 지구를 둘러싸고 있는 이른바 에테르라는 매질 속을 진행하는 빛의 희한한 거동에 대한 논쟁에서 시작합니다. 빛의 이상한 거동에 대한 설명인 상대론의 진화 과정은 에테르의 존재를 전제로 하는 전기 상대론과 에테르의 존재를 부정하는 후기 상대론으로 나누어 보거나 서로 다른 세 가지 모형에 바탕을 두는 세 세대의 상대론으로 나누어 생각해 볼 수 있습니다.

먼저 로렌츠의 상대론이 전기 상대론의 대표 주자라면, 후기 상대론은 아인슈타인 이후의 상대론을 일컫는다고 할 수 있겠습니다. 한편 세 세대로 나눈 상대론을 살펴보면 희한한 점이 발견됩니다. 물리석으로 서로 다른 가정에 기초한 상대론들이 결과적으로는 로렌츠

변환식이라는 동일한 수식을 내놓고 있다는 사실입니다. 그런데 문제는 이런 우연의 일치가 반드시 상대론의 정당성을 보증하는 것은 아니라는 점입니다.

    세 세대로 나눈 상대론 중 첫 번째인 제1세대 상대론은 빛의 거동에 대해 '에테르 맞바람'을 타고 가는 프레넬-피조 편승효과를 적용한 모형입니다. 즉 빛은 매질을 타고 움직인다는 프레넬의 이론을 근거로 피조가 동유체 실험을 통해 확인한 바 있는 빛의 편승효과를 관찰하기 위해 마이켈슨이 수행한 광로차 실험이 제1세대 상대론의 기초가 됩니다.

    제1세대 상대론은 앞서 예를 든 비유에서 '지구인 모형'에 해당하는 것입니다. 그런데 로렌츠는 광로차 실험 결과의 해석 과정에서 엉뚱하게도 '지구인 모형'에 '외계인 모형'을 섞어서 적용하게 됩니다. 그렇다면 동일한 실험에 대해 상이한 해석을 내린 로렌츠의 상대론은 마이켈슨의 제1세대 상대론과 달리 제1.5세대 상대론이라고 부르는 것이 적절할지도 모릅니다.

    한편 제2세대 상대론은 빛의 거동에 대해 '시공간의 주름'을 이용한 모형입니다. 제2세대 상대론을 제안한 아인슈타인은 광행차에 나타나는 빛의 관성효과를 부정하고 모든 빛의 속도는 광원의 속도와 관계없이 동일하다는 이른바 광속도 일정이라는 가정을 내세웁니다. 제2세대 상대론은 앞서 예를 든 비유에서 '외계인 모형'과 유사한 것입니다. 제1세대 상대론이 마이켈슨이 수행한 광로차 실험을 옹호하기 위한 것이었다면, 제2세대 상대론은 이 실험과는 전혀 무관하게 오직 아인슈타인의 비현실적인 사고실험을 통해 만들어진 수학적 제안이라는 점에 주의할 필요가 있습니다.

세 번째인 제3세대 상대론은 마이켈슨의 광로차 실험 결과를 합리적으로 설명하기 위해 후대의 물리학자들이 채용한 모형을 뜻합니다. 즉 에테르의 존재를 전제로 해서 로렌츠가 유도했던 로렌츠 변환식을 지구의 운동에 따른 효과로 재해석한 것이 제3세대 상대론입니다. 따라서 제3세대 상대론은 제1세대 상대론과 제2세대 상대론을 결합한 모형으로 볼 수 있으며, 앞서 예를 든 비유에서 역시 '외계인 모형'에 해당합니다.

상대론의 세 가지 모형을 살펴보면 제1세대 상대론은 '지구인 모형'에 근거하므로 지구상의 관찰자에게 적합한 해석입니다. 하지만 제2세대 상대론과 제3세대 상대론은 '외계인 모형'에 근거하므로 지구가 아닌 외계의 관찰자에게나 가능한 해석임을 알 수 있습니다. 더군다나 제2세대 상대론에서는 관찰자의 위치가 논의조차 되지 않습니다. 관찰자의 위치 문제는 흥미롭게도 앞서 언급한 라투르라는 인문학자와 제피멩코라는 물리학자에 의해 제기됩니다.

그런데 더욱 흥미로운 사실은 상대론의 진화 과정 속에는 이들 세대별 모형과 관련하여 세 번의 해프닝이 숨어 있다는 사실입니다. 이렇듯 희한한 상대론의 이야기는 마이켈슨으로부터 시작하여 로렌츠를 거쳐 아인슈타인에서 매듭지어집니다. 상대론의 진화 과정에 숨어 있는 세 번의 해프닝을 짚어봄으로써 "인간의 인식에서는 현상 자체가 아니라 현상에 대한 해석이 결정적이다."라는 니체의 지적을 통해 진정한 상대론의 의미까지도 살펴볼 수 있을 것입니다.

**상대론을 완성하는 세 번의 해프닝

마이켈슨의 광로차 실험은 상대론의 출발점입니다. 마이켈슨의 광로차 실험에서 이른바 로렌츠—핏제랄드 수축이라는 상대론적 효과가 처음으로 관찰되었다고 보기 때문입니다. 특히 에테르의 존재를 가정했던 로렌츠에게는 마이켈슨의 실험 결과야말로 로렌츠—핏제랄드 수축을 입증하는 좋은 예로 보였을 것입니다.

전기 상대론은 에테르의 존재를 전제하므로 비록 실험 기구에 대한 마이켈슨의 상대속도가 0이라 하더라도 마이켈슨에게 에테르 맞바람에 의한 로렌츠—핏제랄드 수축이 관찰된다는 설정이 옳습니다. 그러나 에테르의 존재를 부정하는 후기 상대론에서는 실험 기구에 대한 마이켈슨의 상대속도가 0이므로 마이켈슨의 실험 자체가 아무런 물리적 의미도 갖지 못한다고 보아야 합니다.

사실 간섭실험을 수행한 마이켈슨의 의도는 에테르 가설의 검증이나 반박이 아니라 에테르라는 매질의 속을 움직이는 지구의 상대적인 운동을 측정하려는 것으로서 이른바 피조실험의 확장이었습니다. 즉 에테르라는 매질의 상대속도가 맞바람의 형태로 나타나는 효과를 정량적으로 측정하고자 했던 것입니다.

그런데 피조실험과 달리 수차례에 걸친 마이켈슨의 광로차실험 어디에서도 이러한 '에테르 맞바람'으로 인한 시간 차의 결과인 빛의 간섭무늬가 관찰되지 않은 것입니다. 마이켈슨이 얻은 결론은 에테르가 존재하지 않는다는 것이 아니라, 이유는 모르겠지만, 어쨌든 지구가 에테르의 속을 움직이고 있지 않다는 것이었습니다.

이에 프레넬의 이론에 기초한 피조의 실험 결과도 옳고, 또한 마이켈슨의 실험 결과도 옳다고 생각한 로렌츠라는 물리학자가 당황하게 됩니다. 하지만 그는 곧바로 마이켈슨이 사용한 실험 장치 중 지구의 운동 방향과 평행한 방향의 실험 장치가 '에테르 맞바람'에 의해 수축을 일으킨다면 마이켈슨이 예상했던 시간 차가 상쇄되어 나타나지 않게 되므로 문제가 없다는 주장을 하게 됩니다. 이렇게 해서 빛의 희한한 거동 문제는 딱딱한 강체의 신축 문제로 둔갑하게 되고, 이른바 '로렌츠의 상대론'이 탄생하게 됩니다.

'에테르 맞바람'에 대한 검증의 실패로 에테르 자체의 존재가 부정되고 말았지만 그럼에도 불구하고 만일 실험에서 여전히 로렌츠-핏제랄드의 수축 현상이 관찰된다면 이러한 수축 현상은 어떻게 설명해야 할까요? 즉 수축 현상이 실제로 일어나는 '참 수축'이라면 이러한 '참 수축'을 일으키는 물리적 원인은 과연 무엇일까요? 이것이 필시 로렌츠를 계속 괴롭힌 고민이었을 것입니다.

여기서 물리학적으로 주의해야 할 점이 있습니다. 마이켈슨이 수행한 실험에서 간섭무늬가 나타나지 않은 이유는 수직 방향과 평행 방향으로 나뉘어 진행한 두 빛이 광원에서 출발하여 스크린으로 돌아오는 시간이 같았기 때문입니다. 그런데 초기에는 진행 시간에 차이가 없다는 사실을 진행 거리의 문제로 해석한 듯 보입니다. 매질의 운동에 따른 편승효과가 작용하는 경우라면 진행 거리가 아니라 진행 시간의 관점에서 생각해야 할 것입니다.

프레넬–피조 편승효과가 중심을 이루는 '지구인 모형'은 관찰자의 정지 모형이므로 두 빛의 진행 거리에는 차이가 없습니다. 그러나 '에테르 맞바람'이 있을 경우에는 두 빛의 진행 속도에 차이가 있게 되므로 당연히 진행 시간에 차이가 나타나게 됩니다. 즉 진행 거리는 같지만, 진행 시간이 다르므로 만약에 '에테르 맞바람'이 존재한다면 자신의 실험에 간섭무늬가 나타나야 한다는 마이켈슨의 추정은 옳습니다. 물론 그의 실험 결과에 간섭무늬가 없다는 말은 '에테르 맞바람'이 존재하지 않는다는 뜻에 불과했지만 말입니다.

마이켈슨의 광행차 수식이 고전적 광행차 모형임에 반해 로렌츠가 사용한 광행차 수식은 상대론적 광행차 모형입니다. 고전적 광행차 모형은 광원의 운동이 빛의 출발 속도에 영향을 미친다고 보는 모형으로 이에 따른 빛의 관성효과를 전제로 합니다. 한편 상대론적 광행차 모형은 빛의 출발 속도가 광원의 운동과 관계없이 언제나 일정하다는 개념으로 빛의 관성효과를 부정합니다.

그런데 여기서 희한하게도 로렌츠가 상대론적 광행차 모형으로 계산한 광로차의 1차 근사치가 마이켈슨이 고전적 광행차 모형으로 계산한 광로차의 1차 근사치와 일치하는 제1세대 상대론의 첫 번째 해프닝이 일어납니다. 마이켈슨과 로렌츠는 서로 다른 개념이 광행차 모형을 사용하였기 때문에 길이에 관한 두 사람의 수식은 뒤 글상자의 표현에서 보듯이 서로 다른 수식임에도 말입니다.

첫 번째 해프닝

① 마이켈슨 모형: $l_\perp = 2l_0\sqrt{1 + \dfrac{v^2}{c^2}} \cong 2l_0(1 + \dfrac{1}{2}\dfrac{v^2}{c^2})$

② 로렌츠 모형: $l_\perp = 2l_0 / \sqrt{1 - \dfrac{v^2}{c^2}} \cong 2l_0(1 + \dfrac{1}{2}\dfrac{v^2}{c^2})$

마이켈슨 실험의 근거가 되는 프레넬−피조 모형은 '에테르 맞바람'을 가정한 정지 모형인 '지구인 모형'을 뜻합니다. 따라서 '에테르 맞바람'이 존재할 경우 마이켈슨의 광로차 실험은 프레넬−피조 편승효과를 적용해야 비로소 올바른 해석이 됩니다. 그렇다면 만약에 로렌츠가 '에테르 맞바람'에 의한 수축이라는 그의 가정을 운동 모형이 아닌 정지 모형에 포함해서 풀었다면 어떻게 됐을까요?

계산해 보면 이 경우에도 올바른 프레넬−피조 편승효과에 기초한 해법의 경우와 마찬가지 결과를 얻게 됩니다. 즉 로렌츠가 그릇된 모형인 운동 모형, 즉 '외계인 모형'을 통해 계산한 진행 시간의 차이가 올바른 프레넬−피조 편승효과에 근거해서 계산한 결과와 일치하는 두 번째 해프닝이 일어나게 됩니다.

다시 말해 마이켈슨의 실험 결과를 해석하는 데 있어서 프레넬−피조의 편승효과를 적용하든 아니면 로렌츠식으로 '에테르 맞바람'에 의한 로렌츠−핏제랄드의 수축 모형을 적용하든 두 해법 모두 논리적으로는 오류가 없다는 것입니다. 즉 에테르의 존재 여부의 검증과 관련해서는 두 모형 중 어느 것을 사용해도 결코 에테르의 존재나 부재에 대한 과학적 증명이 불가능하다는 얘기가 됩니다.

로렌츠의 상대론에 뒤이어 나타난 아인슈타인의 상대론은 실제 물리적 실험이 아닌 사고실험에 기초하고 있습니다. 그래서 아인슈타인 상대론의 근거와 관련해서는 "사고실험은 불법거래다."라는 철학자 데넷의 경고를 염두에 둘 필요가 있습니다. 또한, 아인슈타인의 이론은 마이켈슨의 실험을 설명하기 위해 시도된 것이 아니라는 점도 기억해야 합니다. 그래서인지 아인슈타인은 자신의 이론과 마이켈슨 실험과의 연관성을 한 번도 공식적으로 언급한 적이 없습니다.

로렌츠와 달리 아인슈타인은 에테르에 대한 가정 없이 단지 빛의 속도가 정지계와 운동계에 상관없이 일정하다는 이른바 광속도 일정이라는 가정만을 사용합니다. 그의 사고실험은 정지계와 운동계라는 두 좌표계가 겹쳐서 지나가는 순간에 겹치는 원점에 있는 광원으로부터 빛이 방출되는 모형입니다.

정지계와 운동계가 겹쳐서 지나간 후에는 마치 두 좌표계에 각각 광원이 위치하는 듯이 빛의 운동을 기술함으로써 두 좌표계 사이의 변환식을 얻게 됩니다. 그런데 이 실험은 두 개의 광원을 사용한 실험이 아닙니다. 그렇다면 실제 광원의 위치는 어디였는지 아인슈타인에게 묻는다면 그는 과연 뭐라고 대답할까요?

사실 아인슈타인의 주장에는 사고실험이라 해도 근본적으로 치명적인 문제점이 있습니다. 1905년에 발표된 아인슈타인의 상대론 논문을 보면 1장 3절이 "강체의 선으로 이루어진 두 좌표계의 X축이 겹친다고 하자."라는 설명으로 시작됩니다. 그러나 이 논문에서처럼 딱딱한 물체로 이루어진 정지계와 운동계라는 두 좌표계가 물리적으로 겹치는 일은 현실적으로 불가능합니다. 그의 상대론은 출발 전제에서부터 불합리한 가정에 기초하고 있다는 말입니다.

이러한 물리적 맹점을 감안할 때 사고실험에 기초한 '시공간의 주름'이라는 교묘한 장치를 주장하는 아인슈타인의 상대론은 물리적 해법이라기보다는 일종의 수학적 게임으로 보는 편이 합당해 보입니다. 문제는 이렇게 수학적 게임을 통해 유도된 아인슈타인의 변환식이 로렌츠가 유도한 변환식과 일치하는 세 번째 해프닝이 일어나게 된다는 것입니다.

그런데 정작 상대론에서 흥미로운 사건은 마이켈슨의 광로차 실험에서 '에테르 맞바람'의 속도라는 의미로 사용되었던 지구와 에테르 사이의 상대속도가 상대론의 진화 과정에서 어느 순간 관찰자와 실험 장치 사이의 상대속도로 슬그머니 둔갑했다는 것입니다.

그러면서 물체와 같이 움직이고 있는 관찰자에게는 상대론적 효과가 관찰되지 않지만, 물체와 관찰자 사이의 상대속도가 0이 아닐 때는 상대론적 변형인 로렌츠-핏제랄드 수축이 발생한다는 것이 상대론의 핵심 개념으로 자리 잡게 됩니다.

즉 마이켈슨의 실험에 나타난 상대론적 효과는 실험자와 그의 실험 장치 사이의 상대속도가 0이 아닐 때만 가능합니다. 이 해석에 의하면 마이켈슨은 그의 실험 장치와 함께 움직이지 않았다는 말이 됩니다. 그렇다면 그의 광로차 실험이 수행되는 동안 마이켈슨은 도대체 어디에 있었다는 말일까요?

제1차 솔베이 학회 이후 푸앵카레가 상대론을 제대로 이해하지 못한다고 친구들에게 빈정댔던 아인슈타인처럼 영리한 사람이 이런 상황을 몰랐다고 보기는 어렵습니다. 어쩌면 아인슈타인은 이러한 마이켈슨의 광로차 실험의 껄끄러운 문제점을 일찌감치 눈치챘기에 기억이 안 난다는 엉뚱한 핑계까지 대가면서 그의 상대론과 마이켈슨의 광로차 실험 사이의 연관성 문제를 끝까지 회피하려고 했던 건 아닐까요?

에테르의 가정을 전제로 하지 않았던 아인슈타인에게는 마이켈슨의 실험 결과는 지극히 당연한 것으로, 특별한 물리적 의미가 없는 결과였을 것입니다. 그리고 이러한 진실을 아인슈타인이 일찌감치 알아차렸다면 마이켈슨의 실험 결과가 상대론의 근거로서 계속 거론되는 한 그는 자신의 이론 위에 드리워진 부정적 그림자로 인한 불안을 결코 떨쳐버릴 수 없었을 것입니다.

상대론의 발전 과정에는 푸앵카레와 아인슈타인이라는 두 거장에 얽힌 흥미로운 에피소드가 들어 있습니다. 파울리라는 물리학자는 『상대성 이론』이라는 그의 책에서 다음과 같이 상대론의 전개 과정에서 로렌츠와 푸앵카레의 역할이 중요했음을 지적합니다.

📖 "빛에 관한 탄성체 이론의 입장에서 쓰인 1887년도 논문에서 포이크트Voigt는 이동 좌표계에 국소시간을 사용하면 정지계와 운동계 어느 계에서든 동일한 전자기 물리학이 성립하므로 수학적으로 편리하다는 점을 언급했다. 그런데 이러한 수학적 편의성은 1892년 로렌츠에 의해 유사한 변환식이 발표될 때까지 세상에 알려지지 않았다. 한편 로렌츠의 작업에 남겨진 형식상의 틈새를 보완한 것은 푸앵카레라는 수학자인데 그는 자신이 명명한 '로렌츠 변환식'이 공변형의 요구를 만족

해야 함을 밝히고 또한 '로렌츠 군'의 형태를 형성함을 보임으로써 상대성
원리가 일반적으로 그리고 엄밀하게 성립한다는 것을 보였다."

　아인슈타인은 1911년 제1차 솔베이 학회에서 푸앵카레와 처음이
자 마지막으로 만나게 됩니다. 양자론의 초기에 물질파의 아이디어
를 제안했던 루이 드브로이의 형인 모리스 드브로이라는 물리학자가
전하는 바로는 아인슈타인이 자신의 상대론에 관해 설명하는데, 푸
앵카레가 그의 추론에서 사용하고 있는 역학이 무엇인지 물었다고
합니다. 변화가 있다면 힘이 있을 테니 푸앵카레로서는 당연히 힘과
역학의 형태가 어떤 것인지 궁금했을 것입니다.

　아인슈타인이 역학은 없다고 대답하자 푸앵카레는 놀라는 것 같
았다고 합니다. 로렌츠–핏제랄드의 수축이 그저 운동에 따른 시공
간의 왜곡에서 비롯된다는 건 푸앵카레에게는 전혀 합리적이지 않은
설명이었을 것입니다. 비유클리드 기하학은 존재해도 비유클리드 공
간이란 존재하지 않는다고 생각하는 푸앵카레에게는 시공간 자체는
물리학의 탐구 대상일 수가 없었을 테니까 말입니다.

　또한, 파이스라는 물리학자가 그의 아인슈타인 전기에서 언급하
고 있는 회상 장면도 매우 흥미롭습니다. 아인슈타인이 사망 직전에
파이스와 대화 도중 푸앵카레가 초기에 쓴 상대론의 수학적 골격에
대한 논문을 본 적이 없노라고 말하는 바람에 파이스는 친절하게도
자기가 갖고 있던 푸앵카레의 상대론 논문의 진본을 아인슈타인에게
빌려주게 됩니다. 그런데 그로부터 얼마 후 아인슈타인은 빌린 논문
을 파이스에게 다시 돌려주지 않은 채 감쪽같이 없애버리고 사망하

는 기이한 행동을 보여 파이스를 당황하게 만듭니다.

** 상대론의 숨은 얼굴과 제4세대 상대론

아인슈타인의 대학 시절 스승으로 알려진 민코프스키라는 수학자가 허수 시간이라는 황당한 개념에 기초한 4차원이라는 이론을 주장하면서 "이제부터는 따로 떼어 놓은 공간 자체와 시간 자체는 마치 그림자처럼 사라질 것이고, 오직 그 둘의 결합만이 독립적인 실체로 남을 것입니다."라는 연설을 합니다. 그런데 시간의 문제와 관련해서 아인슈타인의 상대론에 이의를 제기한 수학자가 있습니다. 바로 수학의 '불완전성 정리'를 증명한 괴델입니다.

유어그라우가 저술한 『괴델과 아인슈타인』이라는 책을 보면 괴델은 상대론이 시간에 대해 무엇을 가르쳐주고 있는가 하는 문제의 재해석을 시도한 것으로 보입니다. 철학적 상상력을 발동시킨 시간의 문제에 대해 상대론이 무엇을 가르쳐주고 있는가를 재해석한 존재론적 조사, 즉 시간의 실재에 대한 철학적 질문을 괴델은 마음에 두고 있었던 것입니다.

"4차원의 상대론적 시공간에서의 시간 성분이 정말 시간인가?"라는 것이 괴델의 질문인데, 결국 상대론적 시공간은 근본적으로 공간인가 아니면 시간인가 하는 문제입니다. 시간은 공간과 다르다고 여긴 괴델은 '지나간다' 또는 '흐른다'라고 믿는 일상적인 통념과 아인슈타인의 상대론 사이에는 불일치가 존재한다고 생각했습니다.

괴델은 아인슈타인이 수행한 물리학의 기하학화처럼 시간의 상대론적 기하학화를 한계 상황까지 밀어붙였고, 그 결과 그는 시공간에서의 시간 성분은 우리가 일상 경험을 통해 이해하고 있는 시간이 아니라 또 다른 공간 성분일 뿐이라는 결론을 얻게 됩니다. 그리고 이렇게 공간적으로 확장된 세상에서는 '현재'란 객관적인 의미를 잃게 된다고 말합니다. 아인슈타인 또한 시공간에서의 시간 성분은 단순한 네 번째 성분이 아니라고 얘기한 철학자 에밀 메이에르송의 의견에 동의한 적이 있다고 합니다.

괴델은 상대론 이전의 모든 사람이 이해하고 있던 시간인 직관적인 시간을 '칸트적 시간'으로 특징지었고, 직관적 의미에서의 시간은 자연의 모든 사건에 완전히 선형적 순서를 제공하는 1차원적인 집합체라고 말합니다. 그리고 이 객관적인 시간의 흐름은 직접적으로 경험되며, 존재의 변화를 포함한다고 봅니다. 즉 직관적 의미에서의 시간은 현재만이 실제로 존재하는 것이 특징인 어떤 것이고, 실재는 연속적으로 존재하게 되는 수없이 많은 현재의 층으로 구성되며, 이런 성질을 갖지 않는 것은 시간이라고 부를 수 없다고 괴델은 선언합니다.

시간의 본질은 체험입니다. 오직 한 방향으로만 진행할 뿐 절대로 거꾸로 진행하는 법이 없는 시간은 그 자체로는 인과적인 힘을 갖지 못합니다. 시간이란 개념을 들여다보면 물리적 해석 과정에 붙어 다니는 일종의 파라미터라는 것을 알 수 있습니다. 자유로운 실제 좌표인 공간과는 달리 시간이란 존재는 자연의 변화를 체험적으로 해석하기 위해 인간이 고안해 낸 가상 좌표인 것입니다.

뒤 글상자의 인용처럼 상대론의 수학적 논리에 기만당한 듯하다는 하이젠베르크의 고백을 굳이 인용하지 않더라도 누구나 그와 같이 무언가에 홀린 것 같다는 느낌을 한 번쯤 가져봤을 것입니다. 그런데 왜 이렇게 상대론의 주장은 불편함을 느끼게 하는 것일까요?

> 상대성이론의 수학적 구조는 나에게는 그다지 어려움을 주지 않았으나 어째서 운동하고 있는 어떤 관찰자는 '시간'이라는 말을 정지하고 있는 관찰자와는 다르게 생각하는지를 아직도 이해하지 못하고 있다. … 나는 수학적 구조를 움직이고 있는 그 논리에 내가 기만당하고 있다고 느낀다.
> ─ 하이젠베르크

여기서 속도의 측정이라는 문제를 짚고 넘어가야 하겠습니다. 우리는 과연 움직이는 물체의 속도를 실시간으로 정확하게 측정하는 방법을 갖고 있을까요? 일반적으로 한 물체의 속도는 그 물체의 서로 다른 위치를 서로 다른 시각에 측정함으로써 결정됩니다. 이렇듯 단순해 보이는 속도의 측정 문제가 실시간 측정의 경우에는 사뭇 다른 이야기가 됩니다.

운동하는 물체의 속도를 빛을 이용하여 실시간으로 측정하는 경우에는 측정 도구인 빛의 속도의 유한성으로 인해 물체의 측정 속도는 참값으로 측정되지 않습니다. 물체의 속도의 측정 과정에 '관찰'이라는 지연 효과가 개입하기 때문입니다. 이러한 지연 효과의 문제는 라투르의 제안대로 다수의 행위자를 파견한다고 해서 해결이 가능한 문제가 아님을 알 수 있습니다.

수축 문제에 관해 제피멩코라는 물리학자는 물리적 수축이란 실제로 존재하지 않고, 다만 시간상의 지연 효과로 인해 수축의 형식을 갖는 현상이 관찰되는 것이라고 주장합니다. 그는 『지연과 상대성 Retardation and Relativity』이라는 저술에서 관찰자의 위치를 특정함으로써 상대론은 지연 효과일 뿐이라는 주장을 이론적으로 보입니다. 그에 따르면 아인슈타인이 초기에는 로렌츠-핏제랄드의 수축이 물리적 실재라고 주장했었지만, 후기에는 그런 주장을 철회했다고 합니다.

뒤 글상자의 예화에서 보듯이 관리보다 상대적으로 더 빠르게 운동하는 관찰자인 총리에게는 물체의 수축이 더 크게 나타난다고 상대론은 말합니다. 여기서 상대론에서의 방향성 문제를 살펴볼 필요가 있습니다. 상대론에서는 진행 방향만이 특별한 의미가 있습니다. 그런데 왜 상대론은 진행과 직각인 방향의 공간은 왜곡이 일어나지 않고 오직 진행 방향의 공간만 왜곡을 일으키는 '난시 효과'를 보일까요? 사실 '진행 방향'이라는 표현을 보면 '방향'이라는 용어의 객관성이 '관찰'이라는 용어의 주관성을 가리고 있는 상황입니다.

관찰 수단인 빛의 끝이 관찰자에게 도달함으로써 비로소 관찰이라는 작업이 완성되므로 빛이 지나가는 길에서 관찰자가 빗겨 있다면 관찰은 일어나지 않는다고 앞서 얘기한 바 있습니다. 이렇듯 상대론의 수축 현상이 진행 방향으로만 일어남을 고려한다면 관찰자의 진행 방향에서 빗겨서 지나가는 시골역사의 벤치가 겪는 상대론적 효과에 대한 관찰은 물리적으로 가능한 사건이 아닙니다.

출장을 다녀온 상대론왕국의 총리가 관리에게 지시를 내렸다.
시골 역을 지나며 보니 시골역사의 벤치가 작다는 것이었다.
관리가 출장을 가며 보니 시골역사의 벤치는 표준 크기였다.
마침내 정치적 투쟁으로 번지고만 사건의 발단은 이렇다.

총리는 비싼 고속열차를 이용했었고,
관리는 값싼 완행열차를 이용했었다.

상대론을 제대로 이해하려면 관찰의 지연 효과가 일어나는 진행
방향이 사실은 관찰자의 시선방향을 뜻한다는 점을 인지해야 합니
다. 다시 말해 관찰의 지연 효과는 관찰자의 시선방향의 속도 성분,
즉 '시선속도'에만 영향을 줄 뿐 시선과 직각을 이루는 방향의 속도
성분과는 무관하다는 사실입니다. 상대론의 논의 과정에서 진행 방
향이라는 표현 아래 얼렁뚱땅 함몰되어버린 방향성의 문제는 시선속
도라는 개념을 통해 그 숨은 의미가 드러나게 됩니다.

관찰자의 시선방향과 직각을 이루는 방향의 속도 성분은 참값으
로 측정되지만, 시선속도는 관찰의 지연 효과로 인해 참값으로 측정
되지 않습니다. 관찰자와 운동하는 물체 사이를 오가는 빛의 거동을
살펴보면 빛의 시선속도의 평균값은 관찰의 지연 효과를 고려할 경
우 $\langle v' = v / \sqrt{1 - \frac{v^2}{c^2}} \rangle$라는 〈겉보기속도〉가 됨을 알 수 있습니다. '겉
보기속도'야말로 상대론의 감추어진 본 얼굴입니다. 이로써 상대적으
로 움직이는 물체는 관찰사에 따라 '겉보기속도'로 관찰된다는 내용
을 갖는 제4세대 상대론이 가능해 보입니다.

'겉보기속도'는 시선방향과 직각을 이루는 방향에 대해서는 아무
런 영향이 없고, 오직 시선방향으로만 운동의 왜곡을 일으키는 난시

효과의 주범입니다. 상대론적 난시 효과인 운동의 왜곡이 기존의 상대론처럼 길이의 수축에 해당하는 경우라면 이러한 수축 현상은 관찰자의 시선방향으로만 일어나게 됩니다. 여기서 애석한 점은 관찰자의 시선방향으로만 일어나는 수축 현상인지라 관찰자가 직접 측정하거나 체험할 방법이 전혀 없어 보인다는 것입니다.

　과학의 역사를 볼 때 물리학의 시작은 질량과 속도의 곱으로 표현되는 뉴턴의 운동량이라는 개념에서 비롯되었다고 볼 수 있습니다. 그런데 뒤 글상자에 보인 뉴턴의 운동량 공식에 대한 상대론적 표현에서 겉보기 질량인 m'에 의한 기존의 표현식은 속도와 관련된 두 항이 임의로 분리되어 있어 왠지 부자연스러워 보입니다.

　한편 속도와 관련된 두 항을 함께 묶을 경우에는 하나로 묶인 속도의 항이 곧 '겉보기속도'인 v'을 나타냄을 알 수 있습니다. 이렇게 '겉보기속도'로 표현된 새로운 운동량의 표현식에서는 뉴턴의 의도대로 운동량의 물리적 의미가 명확해집니다. 속도에 따라 물체의 길이와 질량이 변한다는 식의 설명을 하는 기존의 상대론에서는 그러한 변화를 일으키는 물리적 원인에 대한 설명이 어렵다는 점 외에도 보존 법칙의 적용에도 또한 문제가 있어 보입니다.

겉보기 운동량

$$p = m'v = \frac{m}{\sqrt{1 - \dfrac{v^2}{c^2}}}v = m\frac{v}{\sqrt{1 - \dfrac{v^2}{c^2}}} = mv'$$

꼬리를 물고 도는 뱀

이러한 '겉보기속도'에 의한 새로운 해석은 지연 효과를 강조하는 제피멩코의 주장에도 근거를 제공하게 됩니다. 물론 새로운 해석을 적용한다고 하더라도 뉴턴의 운동 법칙은 여전히 근사식의 형태입니다. 하지만 질량 보존의 법칙이 유지된다는 점에서 굳이 '오컴의 면도날원리'를 들먹이지 않더라도 오히려 합리적이라는 생각이 듭니다. 이렇듯 상대론에 대한 다양한 의미 해석의 문제는 푸앵카레가 주장하는 〈미결정성원리Undetermination Thesis〉라는 철학 이론처럼 모든 실험 데이터는 이론상 많은 방법으로 설명이 가능하다는 사실을 상기시킵니다.

어느 날 박쥐왕국의 무도회장에서 총소리와 함께 왕비박쥐가 살해되는 사건이 일어났다. 현장에 있던 박쥐의 증언에 의하면 총알은 무도회장 한가운데에 있는 샹들리에 옆에서 양쪽으로 동시에 발사된 총알에 의한 것이라고 했다.
그때 마침 박쥐왕국을 방문 중이던 '엉뚱한 나라의 세린'은 총알이 무도회장의 밖에서 날아오는 것을 목격할 수 있었다.
그러나 소리보다 빠른 총알이 무도회장의 샹들리에 옆이 아닌 무도회장의 밖으로부터 날아왔다는 사실을 어떻게 박쥐왕국의 박쥐들에게 설명할 것인가?
박쥐왕국의 박쥐들은 과연 '초음속'이라는 이상한 초자연적 현상을 받아들일 준비가 되어 있을까?

상대론에서 나타나는 '겉보기속도'의 표현식은 단지 우리가 현재 사용하고 있는 정보 전달의 수단이 빛이기 때문에 'c'라는 수치가 사용되고 있을 뿐입니다. 즉 정보 전달에 사용되는 그 어떤 수단의 속도가 대입되든 상대론의 속도 표현식은 여전히 동일한 양식의 수학적 표현을 갖게 됩니다. 따라서 광속도로 인한 상한선이라는 물리적 제한은 제4세대 상대론에서는 의미가 없어진다는 사실을 알 수 있습니다.

앞 글상자의 예화에서 보듯이 '엉뚱한 나라의 세린'이 방문한 박쥐왕국처럼 인식 수단으로 빛을 사용하지 않는 세계에서는 상대론이 대체 무슨 의미가 있을까요? 그리고 빛보다 빠른 속도를 갖는 '타키온'이라는 가상 입자가 관찰 대상일 경우는 또 어떻게 될까요? 물론 이 경우는 박쥐왕국의 예화에서 보듯이 하나의 관찰 대상이 관찰자의 시야 내에서 둘로 갈라져 양쪽으로 진행하는 두 물체처럼 기이하게 관찰되겠지만 말입니다.

파울리가 아인슈타인의 상대론을 이해하고 있는지 물었을 때 하이젠베르크는 수학적 구조는 어렵지 않으나 시간 개념이 혼란스럽다고 말합니다. 파울리는 수학적 구조를 이해한다면 무엇이든지 계산할 수 있는데 무엇을 더 바라는지를 되묻습니다. 하지만 수학적 묘사의 정립이 현상의 이해를 뜻하지는 않음을 명심해야 합니다.

하이젠베르크는 무엇을 바라는지 자신도 잘 모르겠지만 수학적 구조만으로는 기만당하는 느낌이라고 얘기하면서, 그 이론을 머리로써는 이해하고 있지만 아직 가슴으로는 모르고 있다고 말합니다. 하이젠베르크가 느낀 혼란에 대한 답이 바로 '겉보기속도'로 인한 시간의 지연 효과에 있다고 할 수 있겠습니다.

시간이라는 문제와 관련해서 상대론에서는 시간 여행이 가능한가 하는 타임머신의 문제가 심심찮게 논의됨을 봅니다. 시간 여행이 가능하다면 과거로 돌아가 자신의 존재 연원을 말살시킴으로써 일어나는 이른바 '할머니 파라독스'가 논쟁거리가 되곤 합니다.

그런데 타임머신이 완성된 시점으로 시간이 되돌아가면 타임머신은 스스로 분해되어 없어져야 하지 않을까요? 이렇게 분해되지 않고 과거로 돌아가기 위해서는 타임머신이라는 물질적 경계의 안팎에서 두 개의 물리적 시간이 서로 반대 방향으로 흘러야만 합니다. 시간의 경계는 무엇이며 시간은 몇 개나 존재하는 것일까요?

상대론의 해프닝 모음

(1) 로렌츠의 주장은 마이켈슨과 다른 수식의 사용에도 불구하고 제1근사치가 우연히 일치함으로 인해 올바른 해석으로 인정된다.

(2) 로렌츠는 마이켈슨의 실험이 에테르의 존재와 어떻게 융화되는지를 입증했다고 생각했기 때문에 마이켈슨의 실험으로 에테르의 존재가 부정되었다는 데 동의하지 않는다.

(3) 아인슈타인은 딱딱한 물체로 이루어진 두 좌표계가 겹쳐서 진행한다는 비현실적인 모형을 사용하여 우연히 로렌츠 변환식과 동일한 수식을 유도하게 된다.

(4) 마이켈슨 실험으로 에테르의 부재가 입증되었다고 생각한 현대물리학은 로렌츠 변환식에 쓰인 에테르의 상대속도를 관찰자와 관찰 대상 사이의 상대속도로 교정한 해석을 사용한다.

(5) 마이켈슨의 실험에서는 관찰자인 마이켈슨과 관찰 대상인 그의 실험 장치 사이의 상대속도가 '제로'이므로 상대론적 효과를 관찰할 수 없다.

(6) 운동하는 물체는 관찰과 무관하게 수축한다는 괴담이 퍼진다.

2. 에네르기와 엔트로피

$$E = F + TS$$

•• 열의 일방통행성과 시간의 비가역성

앞 글상자의 열역학 종합세트 공식에서 'F'는 자유에너지로 쓸모 있는 에너지를 뜻하고, 'T'는 온도와 'S'는 엔트로피로 그 곱은 쓸모 없는 에너지를 뜻합니다. 그리고 첫째 항과 둘째 항 사이의 '+' 부호 는 에너지 보존에 대한 열역학 제1법칙을 나타내고 둘 사이의 '→' 부 호는 에너지 변화에 관한 열역학 제2법칙을 나타냅니다.

예전엔 에네르기라고 불렀고, 지금은 에너지라고 부르는 단어의 어원을 살짝 비틀어서 엔트로피라는 개념을 처음으로 제안한 사람 은 클라우지우스라는 물리학자입니다. 클라우지우스는 19세기 중반 에 열과 관련된 물리 문제를 풀다가 위치에너지와 운동에너지라는 기계적 에너지만으로는 에너지가 보존되지 않는다는 사실을 깨닫고 는 엔트로피라는 새로운 개념을 도입하게 됩니다.

클라우지우스는 열과 관련해서 에너지와 유사한 물리적 개념인

엔트로피라는 개념을 고안함으로써 에너지가 보존된다는 열역학 제
1법칙을 완성하게 됩니다. 에너지를 보존시키는 데 성공한 클라우지
우스는 다음으로 열이 높은 온도에서 낮은 온도로만 흐른다는 열의
일방통행성을 열역학 제2법칙이라는 이름으로 정리하게 됩니다. 알
렉세예프라는 물리학자는 에너지와 엔트로피를 우주의 여왕과 그
어두운 그림자로 비유하기도 합니다.

열의 일방통행성을 전문적인 용어로 표현하면 "엔트로피는 증가
하기만 할 뿐 감소하지는 않는다."가 됩니다. 이를 좀 더 쉬운 말로
표현하면 "가지런한 운동은 흐트러진 운동을 낳지만, 흐트러진 운동
은 가지런한 운동을 낳지 못한다."가 됩니다. 그리고 아주 쉬운 말로
표현한다면 "쓸모있는 에너지는 점차 쓸모없는 에너지로 바뀌어서는
사라진다."가 됩니다. 어쨌든 이로써 본격적인 열역학의 시대가 열리
게 됩니다.

뉴턴의 제2운동법칙에 근거해서 시간의 가역성이 존재한다고 논
의되는 경우를 봅니다. 뉴턴의 가속도 법칙에서 시간 변수인 't'를 반
대 방향인 '−t'로 바꿔서 대입해도 제곱항으로 인해 뉴턴 공식이 그
대로 성립하기 때문에 가역성이 존재한다는 주장입니다. 그리고 이
런 논의에는 당구공의 충돌이 찍힌 영화 필름을 거꾸로 돌리는 경우
가 예로 등상하곤 합니다. 즉 당구공의 충돌이 찍힌 영화 필름은 바
로 돌리든 거꾸로 돌리든 구별이 되지 않는다는 주장입니다.

그런데 뉴턴 역학의 수식을 통한 가역성의 논의에는 한 가지 빠뜨
리고 지나친 것이 있습니다. 일찍이 뉴턴 자신도 지적한 바 있는 마

찰이라는 현상입니다. 사실 앞서 논의는 마찰이 없다고 가정한 이야기입니다. 그러나 현실적으로 모든 운동에는 반드시 구속력이라 부르는 마찰이 따릅니다. 사실 마찰이 없다면 우리는 움직일 수조차 없습니다. 그렇다면 마찰은 신의 선물이라고 할 만도 한데 지나치면 모자람만 못하다고 대부분의 경우 마찰은 불편을 끼칩니다.

이런 의미에서 운동이란 마찰의 극복을 의미합니다. 마찰이라고 부르는 거시적인 현상은 미시적으로 원자와 원자 사이에서 일어나는 퍼텐셜, 즉 속박장에 의한 상호작용의 총합을 의미합니다. 원자 사이의 상호작용인 '시간의 둑'을 극복하는 과정이 중첩되어 가시적인 형태로 확대되어 나타난 결과가 마찰인 것입니다. 그리고 이러한 상호작용의 결과로 말미암아 마침내 에너지가 소실되어 사라지는 현상이 일어나게 됩니다.

열의 본질은 충돌이고, 충돌은 에너지 교환의 근원입니다. 프리고진의 저술을 보면 앞서 얘기한 대로 뉴턴은 이미 매번의 충돌 때마다 운동의 비가역적 손실이 관여되어 있음에 주목했다고 합니다. 이렇듯 충돌 과정에서는 충돌로 인하여 항상 운동의 손실을 주게 되므로 기계적 에너지가 보존되지 않고 비가역적으로 소실되고 있음이 현실에서 일어나는 충돌 현상의 참모습인 것입니다.

에너지가 완벽하게 보존되는 이른바 완전 탄성충돌이란 현실적으로 존재하지 않습니다. 운동이 있는 곳에는 항상 속박장의 상호작용, 즉 마찰을 통해 다시는 회복될 수 없는 에너지의 소실이 일어나고 있다는 말입니다. 그렇다면 비록 영화 필름을 거꾸로 돌려서 일어나는 역방향 충돌의 경우라 할지라도 그것이 충돌인 이상 마찰에 의

꼬리를 물고 도는 뱀

한 에너지의 산일 현상이 반드시 수반되어야 합니다.

즉 영화 필름을 바로 돌리든, 거꾸로 돌리든 매번 충돌이 일어날 때마다 거기에는 항상 마찰이라는 현상을 통해 에너지의 소실이 누적되고 있는 것입니다. 그리고 바로 이 에너지 소실의 누적 현상이 비가역성으로 이어지게 됩니다. 에너지의 총합은 보존됩니다. 다만 사용 가능한 자유에너지로부터 소실되어 사라지는 엔트로피로의 변환이 일어나고 있을 뿐이라고 열역학 법칙은 이야기합니다.

** 잃어버린 열을 찾아서

자연의 변화라는 드라마에서 열이 하는 역할은 단연코 주역입니다. 그래서 열이야 말로 자연을 움직이는 보이지 않는 '신의 손'이라고 해도 좋을 것입니다. 열이라는 현상은 흔히 온도라는 개념으로 이해되는데, 자연은 '온도의 창'이라는 특이한 방식을 통해 열을 활용합니다. 온도의 좁은 창을 통해서 자연이 일으키는 물질의 변화 중에서 상전이라는 현상이 특히 중요한 역할을 합니다.

열은 흔히 열에너지라는 이름으로 오해되고 있습니다만 운동에너지의 평균에 따른 거시적 효과일 따름입니다. 사실 운동에너지의 평균에는 두 얼굴이 있습니다. 에너지의 평균도 0이 아니고 운동량의 평균도 0이 아닌 가지런한 운동과 에너지의 평균은 0이 아닌데, 운동량의 평균은 0인 흐트러진 운동의 두 가지입니다. 가지런한 운동은 '일'이 되고 흐트러진 운동은 '열'이 됩니다. 그리고 시간이 흐름에 따라 가지런한 운동은 점차 흐트러진 운동으로 바뀝니다.

물리 단위의 착종

열용량 : $[C] = \dfrac{[Q]}{[T]} = [S]$: 엔트로피

그런데 흥미롭게도 열역학에는 열의 이동 문제와 관련해서 열량을 온도로 나눈 물리 단위를 똑같이 사용하는 서로 다른 개념이 존재합니다. 열용량과 엔트로피가 바로 이들인데, 이 두 개념의 표현에 사용되는 수식에서 시간에 따라 변하는 변수의 차이를 살펴보면 물리적으로 흥미로운 사실을 알 수 있습니다.

열용량은 이동한 열량을 온도의 차이로 나눈 온도의 변화율인데, 흔히 비열로 이해되는 개념입니다. 이에 반해 엔트로피는 이동한 열량을 현재의 온도로 나눈 단위 온도 당의 '그 무엇'이라는 개념입니다. 달리 말하면 열용량은 온도의 변화와 관련된 개념, 즉 열이 보전되는 현상으로 볼 수 있는 반면 엔트로피는 온도의 유지와 관련된 개념, 즉 열이 소화되는 현상으로 볼 수 있겠습니다.

열용량에서는 현재의 온도가 중요한 것이 아니라 온도의 변화가 중요한 변수가 됩니다. 열용량은 주어진 계로 열이 이동되어 보전되는 과정, 다시 말해 주어진 계가 열을 받아들여 계의 온도가 변화하는 경우에 사용되는 개념입니다. 이때 온도가 변화하는 정도, 즉 주어진 계가 열을 얼마나 잘 흡수하는가 하는 정도를 나타내는 개념이 바로 열용량이라는 이름의 순간변화율인 것입니다. 따라서 열용량이란 개념은 온도의 변화를 위한 열의 이동 과정에서 나타나는 저항 값, 즉 '열역학적 저항'의 개념으로 해석할 수 있습니다.

한편 어떤 계로 열의 이동이 일어나고 있음에도 불구하고 그 계의 온도가 전혀 변하지 않고 그대로 유지되는 경우가 있습니다. 물리학에서는 이런 형태의 열의 이동 문제에 엔탈피 및 엔트로피라는 개념을 동원합니다. 엔탈피는 열이 구조의 변화라는 일종의 일에 사용되는 경우에 등장하는 개념입니다. 그런데 이동한 열을 현재의 온도로 나눈 값인 엔트로피는 열용량과 달리 온도의 변화와도 무관하고, 또한 엔탈피와 달리 구조의 변화와도 무관한 개념입니다.

엔트로피는 변화의 처음과 끝에만 관계될 뿐 변화의 매 순간과는 무관합니다. 이렇게 온도나 구조의 변화와 상관없이 단지 온도의 유지에만 관련되는 엔트로피라는 개념은 열의 이동 과정에서 나타나는 마찰 값, 즉 '열역학적 마찰'의 개념으로 이해함이 타당해 보입니다. 즉 엔트로피라는 개념은 메타마찰의 개념으로 보아야 합니다. 그리고 기계적 마찰과 마찬가지로 엔트로피라는 메타마찰 또한 계속 누적되어 증가하는 속성을 가짐으로써 비가역성과 연결됩니다.

엔트로피라는 용어는 클라우지우스라는 물리학자가 열과 에너지 그리고 기계적 일의 본질에 대해 규명하려고 시도한 그의 논문에서 최초로 제안한 개념입니다. 그리고 얼마 후 볼츠만이라는 물리학자가 기체는 원자로 이루어진다는 가정 아래 확률분포를 이용하여 수학적 방법으로 기체의 운동 문제를 푸는 과정에서 엔트로피에 대해 확률에 기초한 새로운 해석을 내놓습니다. 엔트로피에 관한 두 번째 해석의 등장입니다.

클라우지우스의 엔트로피는 에너지의 보존과 관련된 물리적 변수이지만 볼츠만의 엔트로피는 경우의 수에 따른 수학적 변수입니다. 즉 전자는 에너지의 소실이라는 자연현상을 나타내는 물리적 변량인 반면 후자는 에너지와는 상관없이 단지 통계적으로 무질서의 정도를 나타내는 수학적 지표라는 점을 유의해야 합니다.

••맥스웰의 도깨비와 통계역학 제1법칙

볼츠만의 엔트로피와 관련된 질서나 무질서라는 개념은 과연 자연현상에 근거한 개념일까요? 사실 자연에는 질서와 무질서의 구별이 없거나 혹은 무질서란 아예 존재하지 않는다고 해야 옳을지 모릅니다. 질서라는 개념은 정보와 관련되는데, 정보의 본질은 유용성으로 유용성은 가치를 뜻합니다. 가치는 선호의 체계로 선호도는 가중치를 의미합니다.

정보의 바탕을 이루는 질서의 핵심은 패턴입니다. 생물학자인 자크 모노의 명저『우연과 필연』의 서두에는 〈자연적인 것과 인공적인 것〉의 구별을 위한 패턴의 문제에 관한 논의가 나옵니다. 이 책에서 모노는 질서라는 개념이 자연에 존재하는 객관적 개념이 아니라 인지 난이도와 관련해서 등장하는 주관적 개념임을 시사합니다.

자연의 질서와 관련해서 우연이라는 개념을 무지의 미화로 볼 수도 있겠지만, 질서라는 개념은 인간의 인지도를 규정짓는 척도인 셈입니다. 섀넌이라는 공학자가 통신 이론의 정보모형을 발표하면서 '잡음'이라는 개념의 명명법으로 고민하자 만능 수학자인 폰노이만이 아무도 그 진정한 의미를 모르는 '엔트로피'라는 이름을 붙이라고 농담 섞인 권고를 했다고 합니다. 결국, 섀넌은 폰노이만의 권고를 따릅니다만 여기서도 엔트로피의 모호성을 엿볼 수 있습니다.

지금까지의 이야기를 정리해 보면 자연현상에 직접 관련된 클라우지우스의 엔트로피는 분명 자연종임이 틀림없습니다. 그러나 인간의 인지 난이도와 관련된 볼츠만의 엔트로피는 자연종인 클라우지우스의 엔트로피와는 다른 개념인 인공종으로 보아야 한다는 결론에 이르게 됩니다. 질서라는 개념은 수평적 관계를 수직적 관계로 전환해 층위를 형성함으로써 인식을 수월하게 하려는 인간의 인지적 습성에서 비롯된 개념으로 보아야 합니다.

그런데 볼츠만이 제안한 기체 운동론과 관련해서 영국의 물리학자인 맥스웰이 흥미로운 방식으로 회의를 나타냅니다. 맥스웰은 원자들이 흩어지는 과정은 결코 필연적인 과정이 아니고, 희귀하긴 하지만 오히려 그 반대로 모이는 과정 또한 일어날 수 있는 확률적인 과정일 뿐이라면서 볼츠만의 주장을 반박합니다.

그래서 볼츠만이 주장하듯이 원자들이 흩어지는 과정이 필연적이려면 이를 주관하는 '어떤 존재'가 있어야 한다는 이야기를 맥스웰은 친구에게 합니다. 이 '어떤 존재'가 바로 그 유명한 〈맥스웰의 도깨비〉입니다. 그렇다면 변화의 과정에서 엔트로피가 증가한다는 열역학 제2법칙은 필연적인 물리법칙이 아니라 단지 확률적인 과정에 불과하다는 말인가 하는 것이 맥스웰의 질문입니다.

비슷한 시기에 깁스라는 물리학자가 열역학의 관계식을 유도하는 과정에서 엔트로피에 대한 세 번째 해석을 내놓습니다. 깁스는 볼츠만과 달리 원자라는 개념을 동원하지 않고 열역학적 수식만을 통해 엔트로피에 대한 새로운 해석을 보입니다. 이렇게 볼츠만과 깁스에 의해 시도된 새로운 해석은 이후 통계역학이라는 이름으로 자리를 잡게 됩니다.

볼츠만의 엔트로피는 열역학적 개념이 아니라 통계역학적 개념입니다. 따라서 기존의 열역학이 아닌 새로운 분야를 열었다는 의미에서 볼츠만의 주장은 열역학 제2법칙이 아니라 통계역학 제1법칙으로 불러야 오히려 타당하지 않겠는가 하는 생각을 해 봅니다.

통계역학 제1법칙의 세속적인 모습은 '안나 카레니나 법칙'인 듯 싶습니다. 행복한 상태의 수는 적지만 불행한 상태는 무수히 많아서 시간이 흐를수록 우리네 삶이 불행을 향해 질적 저하를 일으킬 가능성이 크다는 말입니다. 하지만 인생에서는 우연성과 필연성 사이에 늘 개연성이라는 제3의 선택이 존재함을 잊지 말아야 합니다.

안나 카레니나 법칙

행복한 가정은 모두 엇비슷하고,
불행한 가정은 불행한 이유가 제각기 다르다.

자연스러운 상태에서 열이란 뜨거운 물체로부터 차가운 물체로 흐르는데 이를 물리학에서는 열역학 제2법칙이라 표현합니다. 그래서 한때 열이라는 개념을 물질의 이동과 비슷한 관점에서 생각하려고 한 적이 있었습니다. 당시에는 열이 '칼로릭'이라는 이름의 유체라고 주장했습니다. 이후 열은 에너지의 한 형태라고 생각되어 마침내 열에너지라는 이름이 사용되기에 이릅니다.

그러나 열은 에너지 그 자체가 아니라 에너지의 흐름으로 인해 나타나는 효과를 뜻합니다. 즉 열이란 운동에너지의 효과로서 흐트러진 운동이 일어난 결과이며, 에너지의 전달 또는 보전의 한 양식으로 보아야 합니다. 이러한 에너지의 독특한 존재 양식을 편하게 열에너지라는 이름으로 부르고 있는 것입니다.

과학에서 사용하는 절대온도는 주어진 계를 이루는 입자들이 갖고 있는 운동에너지의 평균값으로부터 정의됩니다. 따라서 온도라는 개념은 주어진 계가 갖는 열적 잠재력을 나타내는 값입니다. 즉 온도가 높다는 말은 열적 잠재력이 크다는 뜻이고, 온도가 낮다는 말은 열적 잠재력이 작다는 뜻입니다.

주어진 절대온도에 플랑크가 이름 붙인 볼츠만 상수를 곱함으로써 그 온도의 열적 잠재력이 지닌 열적 에너지의 양이 얻어집니다. '온도'를 마치 역학계에서 사용하는 퍼텐셜에너지의 '높이'처럼 생각하면 이해가 쉬워집니다. 열적 잠재력의 관점에서 열역학 제2법칙을 설명한다면 열의 이동은 항상 열적 잠재력이 큰 곳에서 열적 잠재력이 작은 곳으로 향한다고 표현할 수 있겠습니다.

'시간의 둑'과 관련해서 살펴보았듯이 열의 본질은 충돌이고, 충돌은 에너지 교환의 근원입니다. 열의 이동은 열의 보전과 열의 흡수 그리고 열의 소실로 이루어집니다. 열용량이 관여하는 열이 보전 과정은 온도의 변화로 나타납니다. 그리고 엔탈피가 관여하는 열의 흡수 과정은 구조의 변화로 나타나는 반면 엔트로피가 관여하는 열의 소실 과정은 산일 현상으로 나타납니다.

엔트로피는 열의 이동 과정에서 온도가 유지된 상태로 나타나는 구속력인 메타마찰로 보아야 한다는 것은 이미 이야기한 바 있습니다. 운동이 마찰을 전제로 하듯이 변화는 메타마찰을 전제로 합니다. 따라서 변화가 계속되는 한 그 계에는 메타마찰의 누적을 통해 엔트로피가 계속 증가하는 현상이 일어나게 됩니다. 그리고 절대온도가 0인 상태에서는 엔트로피가 0이 된다는 네른스트가 제안한 이른바 열역학 제3법칙은 절대영도의 상태에서는 온도를 유지할 필요가 없다는 뜻으로 새기면 되겠습니다.

에너지의 소비는 역학적 일이라는 과정을 통해 주어진 계에 구조적 변화라는 흔적을 남깁니다. 이때 수반되는 메타마찰의 과정은 에너지 일부가 소실되어 사라지는 산일 현상으로 비가역적 현상입니다. 여기서 메타마찰에 의해 계에 남겨지는 비가역적 흔적이 엔트로피로 시간은 엔트로피에 대한 은유로 볼 수 있겠습니다. 시간이라는 존재는 변화에 지불되는 일종의 비용과도 같은 것입니다.

열역학적 과정으로 설명되는 자연의 변화를 살펴보면 속박장의 상호작용에 따르는 메타마찰에 대한 에너지의 지불이 추가로 요구됨을 알 수 있습니다. 만일 어떤 계가 메타마찰을 극복할 만큼 충분한 에너지를 갖고 있지 못하다면 그 계에는 어떠한 변화도 일어날 수 없을 것이고, 변화가 없는 한 시간이 흐르지 않는다고 보아야 할 것입니다. 시간이 흐름으로써 변화가 일어나는 것이 아니라 변화가 일어남으로써 시간이 흐르는 것입니다.

여러 계들 사이에 활성 장벽의 형태가 서로 다르다면 각각의 상호

작용에 대한 에너지의 지불 방식 또한 달라질 것입니다. 즉 메타마찰의 극복에 의한 변화라는 시간의 속성으로 볼 때 변화의 양상이 다르다면 시간의 존재양상 또한 계에 따라서 다양한 모습으로 나타난다고 보아야 합니다. 여기서 우리가 시간이라 부르며 객관적으로 사용하고 있는 존재는 이러한 변화의 양상 중 하나를 선택하여 비교의 공통 기준으로 정한 것일 뿐입니다.

그런데 아무것도 존재하지 않는 텅 빈 공간이나 비록 물체가 놓여 있다 해도 외부로부터 아무런 영향이 없고, 내부적으로도 전혀 변화가 없다면 거기에 과연 시간이 흐른다고 할 수 있을까요? 만일 그런 경우에도 시간이 존재한다면 그것은 이른바 절대 시간의 개념일 텐데 아무런 변화 없이 영원히 똑같은 상태만이 지속되는 곳에 도대체 무엇을 위해 시간이 필요한 건지 묻지 않을 수 없습니다.

°°양자론의 미로 찾기

자연에 대한 이해가 깊이를 더해가던 인간의 인식에 20세기 벽두에 가히 혁명적이라 할 만한 변화가 일어나게 됩니다. 20세기 이전에는 인식이 항상 존재와 동등한 관계로 인간의 인식은 존재의 투영일 뿐 인식 과정은 존재 자체에 아무런 영향도 끼치지 않는다고 생각했었습니다. 그러던 것이 20세기로 들어오면서 인식은 관찰에 의존하므로 결국 존재는 인식에 의존할 수밖에 없다는 문제가 물리학적으로 심각하게 검토되기 시작한 것입니다.

과학적 측정을 포함하는 넓은 의미의 관찰은 빛이라는 매체에 의해 가능합니다. 다시 말해 빛이 일단 물체에 부딪힌 후 인간의 눈에 전달됨으로써 비로소 물체에 대한 인식이 가능해지는데, 바로 이러한 사실이 물리학적인 관점에서 고려되기 시작한 것입니다. 즉 20세기에 들어서면서 빛의 부딪침이라는 문제가 양자론이라는 이름으로 탐구되기 시작하고, 또한 빛의 전달이라는 문제가 상대론이라는 이름으로 탐구되기 시작합니다.

빛과 물체의 상호작용이 비록 무한소라고 가정할 수 있을 정도로 매우 작기는 하지만 결국은 유한한 크기를 갖는다는 사실이 양자론의 중심에 있습니다. 그리고 빛의 전달 속도 또한 무한대라고 가정할 수 있을 정도로 매우 크기는 하지만 결국은 유한한 크기를 갖는다는 사실이 상대론의 중심에 있습니다. 그렇다면 과학 사상 최대의 혁명이라고까지 일컬어지는 양자론과 상대론은 과학의 혁명이라기보다는 철학의 혁명, 즉 인간의 인식 유한성에 대한 재해석으로 보아야 할 것 같습니다.

물리학자인 슈뢰딩거는 『생명이란 무엇인가?』라는 그의 강연에서 "원자는 왜 그렇게 작은가?"라는 질문을 던집니다. 그런데 이 질문은 사실 슈뢰딩거가 "생물은 왜 그렇게 큰가?"라는 질문을 뒤집어서 한 것이라고 합니다. 그는 계의 안정성을 결정하는 길목에 통계적 유의미성이 놓여 있으며, 통계적 유의미성은 규모의 문제와 직결된다는 사실을 잘 알고 있었던 것입니다. 측정의 정확성 또한 계의 안정성과 밀접한 관련이 있는데, 이들은 모두 '대규모의 법칙'이라는 법칙을 따릅니다.

관찰의 수단이 유한하다는 사실은 거시적 세계에서는 별로 문제가 되지 않지만, 미시적 세계에서는 심각한 문제를 일으킬 수 있습니다. 거시적 세계의 질서에 익숙해 있는 사람에게 미시적 세계의 질서는 낯설고, 심지어는 거시적 세계의 질서와 상충되는 느낌마저도 듭니다. 그런데 거시적 세계와 미시적 세계의 구분은 무엇일까요? 이러한 구분의 기준 역할을 하는 것이 바로 관찰에 나타나는 편차의 크기입니다.

관찰이란 행위는 관찰 수단에서 비롯되는 교란과 지연을 전제로 합니다. 다시 말해 우리가 관찰이라고 부르는 측정에는 늘 측정의 수단이 일으키는 교란, 즉 측정의 편차라는 문제가 따라 다니기 마련입니다. 바로 이 측정 편차의 영향이 측정 결과에 얼마큼의 영향을 주느냐에 따라서 거시계와 미시계가 구분된다고 볼 수 있습니다.

측정 행위가 측정 결과에 영향을 주면 미시계입니다. 거시계의 경우는 편차보다 훨씬 큰 평균값의 측정이 과제가 되므로 측정 편차의 영향이 무시될 수 있습니다. 하지만 미시계에서는 측정의 결과가 편차와 맞먹는 크기이므로 편차의 문제가 측정의 결과에 직접적인 영향을 미치게 됩니다. 이러한 미시계에서의 교란 문제는 하이젠베르크가 그의 불확정성원리를 설명하는 과정에서 예로 들었던 이른바 '하이젠베르크의 현미경'이 좋은 예가 될 것입니다.

한 물체의 위치와 속노를 동시에 정확히게 측정힐 수 없다는 양자론의 불확정성이라든가 물체가 운동한다면 그 길이와 질량과 시간이 변한다는 상대론의 왜곡 현상은 모두 인간의 관찰이라는 행위가 시작됨으로써 비로소 그 모습이 드러나게 되는 현상들입니다. 그렇

다면 관찰과 무관한 양자론이나 상대론은 애당초 존재 의미가 없다
고 보아야 할 것입니다.

•• 관찰의 결정 문제와 슈뢰딩거의 고양이

"아무도 듣는 이가 없는 숲속에서 나무가 쓰러진다면 과연 소리
가 있겠는가?" 이 질문은 인식론과 관계된 상당히 유명한 문제입니
다. 파인만은 이 문제를 다음과 같이 해석합니다. "비록 듣는 이가
없다고 해도 '실제' 숲속에서 '실제' 나무가 쓰러진다면 물론 소리는
발생한다. 그러나 듣는 이가 없다면 소리의 지각인 소음은 발생하지
않는다고 할 수밖에 없다." 문제는 나무가 쓰러지며 발생하는 압력파
를 소리로 정의할 것이냐는 점입니다. 파인만은 압력파를 소리로 정
의하고 있습니다만 누군가는 압력파가 지각될 때에 비로소 소리라고
할 수 있다고 주장할는지도 모릅니다.

그런데 이렇게 인간의 인식이 관찰에 의존한다고 해서 인식이 존
재 자체에 영향을 미친다는 식의 과잉 해석은 엄정하게 검토되어야
할 문제입니다. 물체에 부딪힌 빛이 인간의 눈으로 들어와 반응함으
로써 인식이 일어나는 것은 사실입니다. 그러나 인간의 관찰 행위가
자연현상에 어떠한 되먹임도 주지 않는다면 자연현상은 인간의 관찰
행위와 무관하게 일어날 것입니다.

비록 물체의 주위에 관찰하는 인간이 없다고 하더라도 그 물체에
빛이 부딪치는 현상은 항상 일어나기 마련입니다. 이러한 빛의 부딪
침은 인간이 없더라도 반응을 통해 물체의 상태에 변화를 일으킬 것

입니다. 즉 자연에 빛이 존재하는 한— 인간의 인식과 무관하게 —빛의 부딪침과 그에 따른 반응과 변화는 늘 있었고, 또 앞으로도 계속 일어날 것입니다.

다만 논의의 주제가 인간의 인식이라면, 아니 더 나아가 인간의 관찰 수단이 관찰 결과에 교란을 일으키는 인식의 경우라면 문제가 다릅니다. 즉 인간의 올바른 인식을 위해서는 관찰 행위로 인한 교란에 대해 올바른 해석이 필요하며, 또한 인간이 갖고 있는 인식의 틀을 이에 맞추어 바꿔야 하기 때문입니다.

양자론에는 '슈뢰딩거의 고양이'라는 유명한 논쟁거리가 있습니다. 소위 죽음의 상자 안에 갇혀 생사 여부를 모르는 고양이는 확실한 측정이 일어나기 전까지는 살아 있으면서 동시에 죽어 있다는 주장입니다. 이 예화는 슈뢰딩거가 양자론의 해석과 관련해서 하이젠베르크의 불확정성원리와 보른의 확률진폭이라는 개념을 논박하기 위해 고안해 낸 장치입니다.

고양이의 '산 상태'와 '죽은 상태'가 겹쳐서 존재한다는 논쟁은 '산 상태'와 '죽은 상태'를 나타내는 고유함수라는 수학적 표현에 근거하고 있습니다. 그런데 이 예화가 겨냥하는 하이젠베르크의 불확정성원리는 아무 변수 사이에나 적용되지 않고 오직 푸리에 변환이 가능한 공액 변수 사이에만 성립하는 관계임을 알아야 합니다.

인간은 단순한 상태들이 겹침으로써 마침내 복잡한 상태를 이룬다고 추론합니다. 달리 표현하면 상태의 원자론이라고 할 수 있겠습니다. 이는 마치 원자론에서 물질의 기초가 되는 원자를 가정함으로써 원자의 합성을 통해 분자를 이해하고 분자의 개념을 확장하여 물질을 이해하는 것과 흡사한 방식입니다.

이때 복잡한 상태의 기초가 되는 단순한 상태를 고유상태라고 부르는데, 이에 대한 수학적 표현이 바로 고유함수입니다. 따라서 고유함수는 물리적으로 본다면 상태를 합성해 내는 '상태의 원자'인 셈이며, 수학적으로 본다면 벡터를 합성해 내는 벡터 공간의 기본 좌표계인 것입니다. 이렇듯 벡터 공간에서 임의의 벡터를 합성해 내는 원소이므로 '기저'라는 이름으로도 부릅니다.

모든 물리적 상태는 그 기초를 이루는 기저를 설정하여 합성함으로써 수학적 표현이 가능해집니다. 그런데 바로 이 기저에 대한 이해에 문제가 있습니다. 벡터의 차원을 의미하는 기저는 수학적으로는 직교성이라 부르는 상호 독립성을 갖는 독립변수로 이루어집니다. 여기서 독립성이라는 개념의 이해가 문제 됩니다.

벡터 공간의 기저를 이루는 독립변수의 집합은 서로 양립하는 독립성을 갖습니다. 그렇다면 기저는 제3장에서 살펴본 대비 개념 중 두 개념 사이에 중립 개념이 없는 배타적 속성을 갖는 절대적 대비 개념이 아니라 비배타적 속성을 갖는 상대적 대비 개념입니다. 특히 상대적 대비 개념 중에서도 종속적 상반 개념이 아니라 독립적 대립 개념에 속합니다.

그런데 '슈뢰딩거의 고양이' 논쟁에서 사용한 '산 상태'와 '죽은 상태'를 나타내는 고유함수인 '생사'는 모순개념에 속합니다. 모순개념은 두 개념 사이에 중립 개념이 없는 배타적 속성을 갖는 절대적 대비 개념에 속하므로 벡터 공간의 기저를 이루는 독립변수로의 사용이 불가능합니다. 이를 혼동하여 기저로 사용하게 되면 '슈뢰딩거의 고양이' 문제에서 보듯이 엉뚱한 논란이 연출됩니다.

•• 양자론의 퀀톰 해석과 빛의 2중성 문제

19세기 말 물리학자들이 못 푼 문제 중 물체로부터 방출되는 복사열의 세기를 방출되는 파장에 따라 설명하는 이른바 '흑체복사' 문제가 있었습니다. 그런데 20세기 벽두에 플랑크라는 물리학자가 복사열을 방출하기 위해 물체 속의 전기를 띤 무엇인가가 진동할 때는 연속적인 에너지의 값을 갖는 것이 아니라 불연속적인 덩어리 형태로 에너지의 값을 갖는다는 가정을 세우고 문제를 풉니다.

불연속적인 에너지의 값을 가정하고 방정식을 풀자 그 결과가 놀랍게도 흑체복사 곡선의 전체 스펙트럼과 완벽하게 일치하게 됩니다. 플랑크는 자신이 가정한 불연속적인 덩어리 형태의 에너지를 '양자量子 quantum'라고 이름 짓습니다. 양자는 공간적인 형태의 크기가 아니라 수량적인 에너지의 크기를 나타내는 개념입니다.

이러한 양자의 개념을 아인슈타인이 - 마치 뉴턴의 질점이라는 개념과 유사한 방식으로 -광자光子 photon라는 공간상 형태의 개념처럼 사용하면서 빛의 2중성 문제가 재연됩니다. 빛의 2중성 문제는 입자로 신행하던 빛이 '빌름'이니는 깁은 틈의 규소적 수박장을 마나면서 파동이라는 행동 양식을 나타내는 현상입니다.

빛은 충돌하면 색깔이 바뀐다고 콤프턴이라는 물리학자가 밝힌 바 있습니다만, 국소적 속박 상태에 의한 빛의 파동성 출현은 이른바 물리적 진공의 유전체적 속성과 관련이 있어 보입니다. 빛의 속도가 물리적 진공의 유전체적 속성을 나타내는 전기적•자기적 투과도의 곱으로 표현되기 때문입니다. 만일 물리적 진공의 특성이 빛의 정체를 푸는 실마리를 제공할 수 있다면 빛이라는 존재를 물리적 진공의 상전이 현상으로 해석하는 것도 생각해 봄 직합니다.

자연에 속박을 가하여 닫힌계를 형성하면 파동성이 나타납니다. 이때 닫힌계의 에너지는 연속적인 값이 아니라 띄엄띄엄 떨어진 불연속적인 값을 갖게 됩니다. 과거에는 에너지가 비탈과 같이 연속적인 값만을 갖는다고 생각했는데, 장소에 따라 에너지의 비탈이 에너지의 계단으로 바뀐다는 사실이 양자론을 통해 알려지게 됩니다.

에너지의 계단은 원자처럼 닫힌계가 형성될 때만 경계조건의 결과로 나타납니다. 여기서 원자는 전자가 사는 아파트로 볼 수 있습니다. 에너지의 계단은 전자가 사는 원자라는 아파트의 내부에 존재하고, 에너지의 비탈은 원자라는 아파트의 외부에 존재합니다.

원자라는 아파트에 살고 있는 전자는 인간의 사주팔자와 흡사한 네 종류의 숫자를 '사주'로 갖고 있습니다. 인간의 사주가 시간의 사주인 반면 전자의 사주는 공간의 사주입니다. 사실 전자의 사주는 원자라는 아파트에 입주하기 위한 전자의 입주 조건을 의미합니다. 물리학적으로 양자수라 부르는 전자의 사주는 전자가 배정받고, 거주하게 되는 원자라는 아파트의 층 번호와 세대 번호 그리고 방 번호 및 침대 번호를 나타내는 네 개의 숫자를 말합니다.

고전역학이라 부르는 거시적인 운동에서는 속박조건인 퍼텐셜에너지에 내고 남는 운동에너지의 양이 운동의 동선을 결정하게 됩니다. 힘으로 표현되는 뉴턴 역학을 라그랑주라는 수리물리학자가 에너지 형식의 역학으로 고쳐 쓰는 과정에서 고안해 냈기 때문에 이 물리량을 '라그랑지안'이라고 부릅니다. 라그랑지안은 운동에너지에서 퍼텐셜에너지를 빼고 남은 에너지로 바로 이 차이가 실제 운동에 사용할 수 있는 순 가용 에너지입니다.

그런데 원자와 같이 미시적으로 닫힌계에서는 운동 방식이 전혀 다른 양상을 나타냅니다. 미시적으로 닫힌계에서는 운동이 반복성을 나타내는 위상구조를 드러냄으로써 진동의 형태로 바뀝니다. 그리고 에너지가 양자화됨으로써 에너지의 계단, 즉 불연속적인 에너지 준위가 만들어지게 됩니다.

원자 내에서 위상구조를 드러내기 위한 진동의 조건식을 발견한 드브로이가 이 진동에 물질파라는 이름을 붙입니다. 그래서 드브로이 물질파의 진동 조건을 드브로이 관계식이라고 부르는데 드브로이 관계식은 미시적으로 닫힌계에서 드브로이 물질파가 지속해서 안정된 파동인 정상파를 형성하기 위한 파동 조건을 의미합니다.

한편 드브로이 물질파가 파동으로 존립하기 위해서는 미시적으로 닫힌계의 크기가 적어도 반파장 이상이 되어야 합니다. 보어의 상보성원리에 대한 수학적 표현이기도 한 하이젠베르크의 불확정성원리는 사실 방금 얘기한 드브로이 물질파의 구현을 위한 공간의 확보에 필요한 최소한의 파장 조건을 의미한다고 볼 수 있습니다.

드브로이 관계식에 따른 파동성으로 인해 미시적으로 닫힌계의 에너지가 띄엄띄엄한 값으로 양자화되는 현상은 슈뢰딩거가 수학적으로 확인하게 됩니다. 이러한 불연속적인 에너지 준위는 슈뢰딩거 방정식이라는 미분방정식에서 닫힌계라는 특수한 상황에 따른 경계조건을 적용할 경우에 불연속적인 해의 형태로서 나타납니다.

슈뢰딩거 방정식을 원자 문제에 적용하여 풀어보면 앞서 설명대로 닫힌계인 원자 안에서는 전자의 에너지가 물질파라는 파동의 개념을 통해 양자화됨으로써 에너지의 계단, 즉 불연속적인 에너지 준위를 형성함을 볼 수 있습니다. 이때 양자화라는 개념을 통해 드러나는 중요한 과학적 사실은 원자란 결국 일종의 디지털 시스템이라는 점입니다.

여기서 잠깐 양자화와 관련해서 자연을 구성하는 물질적 존재의 본질에 대해 생각해 보겠습니다. 자연의 기본 구성 요소는 집합적 존재로 '결'이라는 위상구조를 갖추고 있습니다. 드브로이가 물질파라고도 부른 기본 구성 요소의 표현에는 '형태를 지닌 양자quantum'라는 의미에서 〈퀀톰quantom〉이라는 이름이 적합해 보입니다. '퀀톰'은 닫힌계에서는 경계조건의 결과로 양자화가 구현되어 파동의 속성을 나타내지만, 열린계에서는 입자의 속성을 보이는 존재입니다.

앞서 드브로이 물질파의 파동 조건은 '퀀톰'의 위상구조 변환에 필요한 파동 조건으로 해석함이 타당해 보이고, 또한 드브로이 물질파의 파장 조건은 '퀀톰'의 위상구조 구현에 필요한 파장 조건으로 해석함이 타당해 보입니다. '퀀톰'이라는 존재가 경계조건에 의해 양자화될 때 위상구조의 변환과 구현을 결정하는 파동 조건과 파장 조건은 '퀀톰'의 존재를 위한 〈퀀톰원리〉의 양면인 셈입니다.

퀀톰원리

$$px = n\frac{h}{2}$$

보른이라는 물리학자는 슈뢰딩거방정식의 해인 파동함수의 해석 과정에서 제곱에 의해 빛의 강도를 나타내는 광학적 진폭 개념에 유비시킴으로써 파동함수를 입자가 존재할 확률을 결정하는 확률진폭이라고 주장합니다. 이러한 보른의 확률진폭 개념은 이른바 코펜하겐 해석의 중요한 축을 이루게 되는데 아인슈타인과 슈뢰딩거가 끝까지 확률적 해석에 대해 반대한 이야기는 잘 알려져 있습니다.

삼각함수의 복합 형태로 위상구조가 구현되는 슈뢰딩거 방정식의 해는 입자의 존재 확률을 나타내는 확률진폭이 아니라 '퀀톰'이라는 존재의 구조를 나타내는 위상분포로 해석함이 타당해 보입니다. 즉 제곱함으로써 존재 밀도를 나타내는 파동함수는 '퀀톰'의 존재 양식이므로 슈뢰딩거 방정식은 〈퀀톰 방정식〉으로 볼 수 있다는 뜻입니다.

양자론이 지닌 중요한 의미는 생명체의 구성과 작동에 대한 기본 원리를 제공하고 있다는 사실입니다. 즉 닫힌계는 경계조건의 결과인 속박반응으로 인해 불연속적인 에너지 상태만을 갖게 된다는 양자론을 이용함으로써 자연은 닫힌계인 생명체에서 아날로그 신호체계가 아닌 디지털 신호체계를 운영하고 있다는 사실입니다. 생명체는 본질적으로 디지털 스위치 시스템을 갖추고 탄생했으며, 바로 이

디지털 속성이야말로 생명현상의 구현에 있어 결정적인 역할을 하고 있다는 점을 기억해야 합니다.

빛은 입자인가, 파동인가 하는 빛의 2중성 문제는 물리학에서 유명한 논란거리인데, 양자론에서는 빛이 입자이면서 동시에 파동이라고 합니다. 얼핏 모순으로 보이지만 사실은 아닙니다. 한순간 입자였던 존재가 다른 순간 파동으로 행세한 예는 있어도 한 입자가 입자면서 동시에 파동으로 행세한 예는 없기 때문입니다.

이렇게 입자와 파동을 겸하는 빛의 거동을 설명하기 위해 보어가 상보성원리를 제안합니다. 입자성과 파동성이 모순으로 보이지만 사실은 서로 다른 영역에서 성립하는 상보적 관계라는 주장입니다. 보어의 상보성원리는 오늘날 양자역학의 해석에 있어 주류로 인정받고 있는 코펜하겐 해석의 뿌리를 이루고 있습니다.

빛의 2중성 논란은 입자라는 존재 양식과 파동이라는 행동 양식의 혼란에서 야기되는 문제입니다. 입자가 물질의 존재 양식을 나타내는 정적인 실체의 개념인데 반해 파동은 물질의 행동 양식을 나타내는 동적인 속성의 개념입니다. 흔히 매질을 타고 전파되는 파동을 얘기함으로써 마치 파동이 매질과 독립된 별개의 실체인 양 착각하기 쉽습니다. 그러나 파동은 매질을 통해 에너지가 전달되는 방식을 나타내는 개념으로 매질의 행동 양식을 뜻합니다. 다시 말해 존재하는 실체는 매질뿐이고, 파동이란 다만 매질의 행동 양식을 나타내는 표현일 따름입니다.

3. 파라독스의 파라다이스

신은 해석학의 이 경이로움, 이상적 세계의 징후, 존재하는 것과 존재하지
않는 것 사이의 돌연변이에서 고상한 출구를 찾았다.
이를 우리는 음수 1의 허수 제곱근이라고 한다.

— 라이프니츠

** 수학은 보편언어인가?

수학은 자연을 서술하기에 적합한 보편언어라는 말을 자주 듣습
니다. 그런데 과학철학자 토마스 쿤은 이렇게 말합니다. "'수학은 혹
시 보편언어가 아닐까?' 그렇지 않다. 그것에는 아무런 의미도 없기
때문이다. 수학은 어떠한 의미론적 내용도 없는 통사론적 규칙으로
구성되어 있을 뿐이다."

그래도 굳이 수학을 언어로 치부한다면 과연 몇 개의 알파벳으로
이루어진 언어일까요? 0부터 9까지 모두 10개의 알파벳으로 이루어
진 언어라고 할 수 있을까요? 그런데 숫자만으로는 수학이 성립하지
않는 것 같습니다. 왜냐하면, 수학은 숫자와 숫자 사이의 결합 방식
인 연산이 필요하기 때문입니다. 따라서 10개의 알파벳에다 다시 연
산기호를 첨가해야 합니다.

그렇다면 수학이라는 언어에 과연 몇 개의 연산기호를 첨가해야
할까요? 흔히 4칙 계산이라 부르는 '가감승제', 즉 더하기, 빼기, 곱

하기, 그리고 나누기의 네 개면 충분할까요? 그런데 수학의 수준이 높아짐에 따라 삼각함수나 지수함수 등 여러 종류의 함수가 존재함을 알고 있습니다. 그렇다면 이들을 위한 연산기호 또한 포함해야 하지 않을까요? 흥미로운 문제는 수학이라는 언어가 우리 모두에게 외국어라는 점입니다.

어쨌든 수학은 10개의 숫자와 몇 개의 연산기호로 이루어졌다고 해야 할 것 같습니다. 그런데 가감승제라는 이른바 기본 연산을 자세히 들여다보면 네 개의 서로 다른 연산이 아니라 두 종류의 셈하는 행위를 네 가지 형태로 표현한 것임을 알 수 있습니다. 즉 곱하기라는 연산은 반복되는 더하기를 간단히 줄여서 나타낸 것이고, 나누기는 반복되는 빼기를 간단히 줄여서 나타낸 것입니다. "수학은 학문이기보다는 오히려 행위이다."라는 수학자 브로우베르의 논평에 귀를 기울여야 합니다.

"자연과 사물에 대한 우리의 첫 번째 소박한 인상은 연속성이며, 그로부터 무한히 쪼갤 수 있다는 생각을 늘 품게 된다."라는 수학자 힐베르트의 논평은 연속성에 대한 정의를 품고 있습니다. 즉 "연속성이란 무한 분할에 기초한다."라는 것입니다. 사실 무한 분할이라는 문제는 무한 확대를 전제로 하는데, 무한 확대는 결국 원자라는 벽에 가로막혀 현실적으로는 불가능한 환상일 뿐입니다.

연속성이라는 모형은 순서 개념의 연장으로, 불연속이지만 빈틈없는 숫자로 연결되어 있어 마치 연속인양 인식되는 체계를 의미하는 '이산적離散的−연속체'라는 독특한 인식 모형에 근거합니다. 자연수의 체계를 예로 들어보겠습니다. 자연수라는 수의 체계는- 자연수들이 비록 띄엄띄엄 떨어져 있어 불연속적으로 보이지만 -서로 이웃하는 숫자 사이에 빈 숫자가 없이 완전한 순서를 이룸으로써 하나의 연속 체계로서 인식됩니다.

연속 체계란 경계를 갖지 않음을 뜻하므로 이 문제는 힐베르트가 예측한 대로 곧바로 무한 분할의 문제로 이어지게 됩니다. 이산적-연속체라는 개념이야말로 수학이라는 구조물을 세우기 위한 최초의 기본 골격이며, 또한 언어의 사용 이래 인간의 발명품 중 단연코 최고의 작품이라고 말할 수 있겠습니다.

변덕스러운 수학

"마음을 결정하란 말이야, 처음엔 3더하기 3이 6이라더니,
지금은 4 더하기 2가 6이라니!"

"신은 정수를 창조했고, 나머지는 모두 인간의 위조다."라는 크로네커의 주장은 자연에 존재하는 수의 개념은 오직 셀 수 있는 자연수뿐임을 뜻합니다. 그러나 "꿩 한 쌍과 이틀이 모두 '2'라는 수의 예가 됨을 발견하는 데는 많은 세월이 걸렸을 것이다."라는 러셀의 논평은 비록 자연에 존재하는 개념일지언정 반복을 통해 자연수의 개념을 알아내는 과정이 결코 쉽지만은 않았음을 암시합니다.

이러한 러셀의 논평은 공통성에 의한 배열 개념의 발견이 은연중에 집합의 개념에 근거한 인식에 바탕을 두고 있음을 시사하고 있습니다. 인간은 독특한 유비 능력을 이용함으로써 반복이라는 과정을 통해 자연의 구조를 이해하는 특이한 능력을 갖고 있음을 알 수 있는 대목입니다.

수라는 개념은 반복을 통해 이해되는 규칙성의 개념으로 인류가 오랜 세월을 거치는 동안에 이해하게 되는 배열 개념 중 아마도 최초의 개념일 것입니다. 수학이라는 학문은 수에 관한 학문으로 수와 수 사이의 관계인 수리에 관한 연구를 근본으로 합니다.

여기서 수리라는 개념은 논리와 유사한 개념으로 생각하기 쉽습니다. 그러나 수리 개념이 반복을 통해 이해되는 비교적 단순한 배열 개념인 데 반해 논리 개념은 집합의 포섭 관계로 표현되는 연접이라는 형식의 한 단계 높은 차원의 배열 개념입니다. 연접에는 외적 연접과 내적 연접이 있는데, 외적 연접으로부터는 귀납적 속성이 유도되고 내적 연접으로부터는 연역적 속성이 유도됩니다.

인간이 최초로 이해한 수의 개념은 현재 사용되고 있는 아라비아식 수의 개념이 아니라 오히려 로마식 수의 개념에 더 가깝습니다.

어렵사리 발견된 수의 개념을 기호로 표현하는 데 있어서 인간은 먼저 원자적 해석을 사용하게 되었을 것입니다. 즉 하나의 수를 원자처럼 생각하고, 하나의 수와 그다음에 연속으로 이어지는 수 사이에 증가하는 연관성에 대해 또 하나의 원자를 차곡차곡 보태는 방식으로 표현했을 것입니다.

쉽게 말해 성냥개비의 덧붙이기 방식으로 표현하되, 끈이 없는 묶음으로 각각의 개체를 표현했을 것입니다. 이러한 표현은 그 구성 성분을 하나하나 분별할 수 있는 특성을 가진 원자적 해석으로 기호화된 표현입니다. 원자적 해석으로 기호화된 숫자는 표현상의 길이가 크기에 비례해서 커진다는 단점이 있는 반면 각각의 숫자가 이미 그 구성 성분을 나타내고 있으므로 그 양의 크기를 직접 알 수 있다는 장점도 가집니다. 이렇게 연관성에 의존한 방식이 비구성적 수 해석입니다.

연관성에 의존한 표현을 사용할 경우에는 수가 커짐에 따라 그 표현도 함께 길어지게 되므로 점점 더 큰 표현 공간과 수고가 필요하여 불편함이 뒤따르게 됩니다. 그래서 인간은 연관성에 의존한 표현보다는 각각의 수를 마치 분자처럼 하나의 끈으로 묶어서 독립된 표현으로 나타냄으로써 표현 공간을 절약할 수 있는 구성적 수 해석을 찾게 됩니다. 그리고 구성적 수 해석에서는 독립성으로 인해 비구성적 수 해석에서와 달리 각각의 별개 묶음에 새로운 기호가 부여됩니다.

이렇게 각각의 숫자를 독립적으로 기호화함으로써- 그 구성 성분을 하나하나 분별할 수 없는 특성을 가진 -분자적 해석에 의해 기호화된 숫자의 표현이 출현하게 됩니다. 그러나 비록 기록의 편의성을 위해 구성적 수 해석이 고안되었다고는 하지만 모든 수에 대해 각각 서로 다른 기호를 부여한다면 아마도 길이에 있어서는 이득이 있겠지만, 종류에 있어서는 별로 이득이 없을 것입니다.

그러다가 수학사에 있어 최대의 발견이라는 이른바 '영零 zero'의 개념을 도입함으로써 구성적 수 해석의 위력은 극대화되고, 수의 체계는 마침내 기록의 편의성을 뛰어넘어 계산의 편의성으로 한 차원 높아지게 됩니다. 즉 인간은 수의 표현에 사용되는 기호에도 다시 한 번 반복성의 특성을 활용함으로써 마침내 종류마저도 절약할 수 있게 된 것입니다.

°°빈틈의 족보와 단위의 정체

분자적 해석으로 기호화된 숫자 표현의 최종 형태가 바로 아라비아 숫자처럼 숫자를 알파벳화 하는 방법입니다. 숫자를 알파벳화 하는 방법은 '0'이라는 개념을 도입함으로써 비로소 가능해지는데, 이러한 숫자의 알파벳화와 더불어 수의 진법이라는 개념이 출현하게 됩니다. 일단 10개의 알파벳으로 모든 수를 표현할 수 있으니 언어적으로는 수학이 10개의 알파벳으로 이루어진다고 말할 수도 있을 것 같습니다.

그런데 한편 괴델이 불완전성 정리의 증명 과정에서 이른바 '괴델 수 매기기'를 통해 알파벳처럼 이용함으로써 유명해진 소수素数 prime-number야말로 진정한 수학의 알파벳으로 보아야 하지 않을까 하는 생각도 듭니다. 왜냐하면, 모든 수는 결국 소수素数의 곱의 형태로 표현되기 때문입니다. 소수素数는 같은 개수의 묶음으로 나눌 수 없는 수를 말하는데, 이럴 경우 문제는 수학의 알파벳이 무한 개로 늘어나게 되어 걷잡을 수 없는 사태가 된다는 것입니다.

> 자연수는 "얼마나 많이?" 라는 질문의 대답이다.
>
> – 프레게

여기서 한 가지 빠뜨린 것이 있습니다. 앞서 이야기했듯이 수학은 수만으로 이루어지는 것이 아니라 수의 결합 규칙인 연산기호를 포함한다는 사실입니다. 즉 숫자만으로는 수학을 구성할 수 없고, 반드시 숫자를 연결하는 방식인 연산이 개입해야 합니다. 언어가 문자와 문법의 집합이듯이 수학은 숫자와 연산기호의 집합으로 보아야 합니다.

의존개념에 기초하는 연산이라는 행위는 수를 갖고 행하는 게임으로 볼 수 있습니다. 그래서 수학이라는 체계는 헤르만 헤세의 『유리알 유희』라는 작품을 연상시킵니다. 인간은 이렇게 수를 갖고 게임을 하면서 새로운 규칙을 갖는 새로운 게임을 계속 발견하게 됩니다. 이에 발맞춰 수의 체계는 확장을 거듭하게 됩니다.

앞서 언급했던 "신은 정수를 창조했고, 나머지는 모두 인간의 위조다."라는 크로네커의 주장은 곧바로 "수학의 본질은 자유성에 있다."라는 칸토어의 선언에 의해 그늘 속으로 묻히고 맙니다. 인간의 자유로운 사고는 정수를 시작으로 유리수를 만들고, 이어서 무리수를 지어냈을 뿐만 아니라 마침내 허수라는 괴물을 만들게 됩니다.

수학에서의 자유는 인간의 인위적 연산 행위를 통해 창조되는 '수사数詞 numeral'를 마치 '숫자数字 number'처럼 취급하게 합니다. 즉 자연수와 연산기호의 결합을 통해 창조된 소수小数나 무리수 같은 '수사numeral'가 수의 확장이라는 이름으로 '숫자number'의 반열에 오르게 됩니다. 그러나 '수사numeral'와 '숫자number'의 무분별한 혼용이야말로 수학적 모순의 근원임을 필히 유념해야 합니다.

셈의 본질

㉠ 거듭-덧셈: $2 \times 3 = (2+2+2) = 6$
㉡ 거듭-뺄셈: $7 \div 2 = (7-2-2-2) = 3 \cdots 1$

수를 이용한 연산에는 이른바 사칙계산이라 부르는 기본 연산이 있습니다. 기본 사칙연산은 덧셈, 뺄셈, 곱셈, 그리고 나눗셈의 네 가지 셈법을 일컫는 말입니다. 우리는 이들을 기본 사칙연산이라고 부름으로써 마치 이들 네 가지 연산이 수학의 기초를 이루는 서로 다른 종류의 독립적인 연산이기라도 한 듯 취급합니다.

그런데 사칙연산의 기제를 자세히 들여다보면 곱셈이라는 연산 방식은 덧셈이라는 연산이 되풀이되는 셈법임을 알 수 있고, 나눗셈이라는 연산 방식은 뺄셈이라는 연산이 되풀이되는 셈법임을 알 수 있습니다. 즉 곱셈은 반복되는 덧셈을 의미하고, 나눗셈은 반복되는 뺄셈을 의미할 뿐입니다.

앞 글상자의 표현에서 보듯이 '곱셈'이라는 수식은 '거듭-덧셈'이라는 반복되는 연산의 줄임말이고, 나눗셈이라는 수식은 '거듭-뺄셈'이라는 반복되는 연산의 줄임말인 것입니다. 즉 곱셈과 나눗셈은 반복되는 연산의 줄임말이므로 결국 기본 연산에는 오직 덧셈과 뺄셈의 2칙 연산만 있을 뿐이라는 사실을 기억해야 합니다. 기본 연산은 무한히 작은 수의 나눗셈이라는 게임으로 이어져 미분이라는 연산을 낳고, 또한 그 역산은 적분이라는 연산을 낳게 됩니다.

연산이라는 행위 중에서 덧셈이라는 행위는 자연수에 관한 한 문제가 없습니다. 그러나 뺄셈이라는 행위는 문제를 일으킵니다. 즉 큰 자연수에서 작은 자연수를 뺀다면 문제가 전혀 없습니다만 거꾸로 작은 자연수에서 큰 자연수를 뺀다면 자연수에는 없는 수가 결과로 나타나게 되어 문제가 발생합니다. 기존의 자연수 집합에 빈틈이 발견된 것입니다.

이러한 빈틈의 문제를 수학적으로 표현한다면 자연수 집합이 덧셈이라는 연산에 대해서는 닫힌 상태지만, 뺄셈이라는 연산에 대해서는 열린 상태라고 말합니다. 이 문제를 해결하기 위해 수학자들은 뺄셈의 결과로 나타나는 음수를 자연수의 집합에 보탬으로써 정수라는 좀 더 큰 수 집합을 고안해 냅니다.

정수 집합으로 확장된 수 집합은 '거듭-덧셈'인 곱셈에도 문제가 없습니다. 그런데 이번엔 '거듭-뺄셈'인 나눗셈에서 다시 빈틈이 발견됩니다. 7을 2로 나누는 경우를 예로 들어보면 앞 글상자의 표현 중 ⓒ에서처럼 세 번의 뺄셈이 가능하므로 결과는 3이 되고, 1이 나머지로 남게 됩니다.

그런데 이 표현은 열린 형식이라서 수학적 표현으로 볼 수 없습니다. 그래서 '거듭-뺄셈'의 결과로 생긴 나머지인 1을 다시 2로 쪼갠 한쪽이라는 뜻을 나타내는 '½'이라는 분수를 만들어서는 3이라는 결과의 옆에 붙입니다. 이렇게 해서 기존의 정수 집합에 분수, 즉 소수小數라는 빈틈이 메워지게 됩니다.

이런 과정을 거침으로써 '거듭-덧셈'인 곱셈이라는 연산에 대해 닫힌 상태였던 정수라는 수 집합이 '거듭-뺄셈'인 나눗셈이라는 연산에 대해서는 다시 열린 상태가 됩니다. 수학자들은 '거듭-뺄셈'의 결과로 발생한 열림의 문제를 해결하기 위해 이번엔 분수를 포함하는 유리수라는 수 집합으로 수를 확장시킵니다.

연산 방식이 바뀔 때마다 새로운 빈틈이 발견되고 또 메워지면서 수 집합은 닫힌 상태와 열린 상태를 반복하게 됩니다. 이에 따라 수 집합은 어쩔 수 없이 진화를 거듭하게 됩니다. 그래서 사실 수 집합의 진화는 빈틈의 진화로 보아도 무방할 것입니다. 자연수에서 출발한 수 집합은 먼저 정수로 진화하고, 이어서 분수를 포함하는 유리수라는 수 집합으로 진화하게 됩니다. 그리고는 무리수를 포함하는 실수를 거쳐 마침내 허수를 포함하는 복소수라는 수 집합으로까지 진화하기에 이릅니다.

수학의 세계에서는 칸토어의 주장처럼 자유성이 본질일 수 있습니다. 그러나 고유개념으로 구성되는 과학의 세계와 달리 수학의 세계는 의존개념으로 구성되는 세계임을 감안한다면 칸토어가 주장하는 자유는 단지 상상의 자유를 의미할 뿐이라는 사실을 유념해야 합니다. 그리고 상상의 자유로 인해 거듭되는 빈틈의 진화 속에 생성된 수학의 미로는 결국은 '원자의 벽'이라는 현실에 가로막혀 소멸될 수 밖에는 없다는 점을 또한 기억해야 합니다.

> 운동의 완전한 연속이라는 것은 인간의 머리로는 헤아릴 수 없다. 어떤 운동이건 거기에 쓰인 단위를 생각하였을 때 비로소 어떤 운동인가를 이해할 수 있다. 그러나 이렇게 하면 연속된 운동을 불연속적인 단위로 분할하는 것이 된다. 인간의 오해는 대부분 이렇게 해서 생긴다.
>
> – 톨스토이

앞서 수학은 보편언어가 아니라는 쿤의 논평을 소개했습니다만 그래도 여전히 수학은 보편언어 같다는 느낌을 지울 수 없습니다. 그 이유는 현실의 생활에서 수학이 골격의 역할을 하기 때문입니다. 수학은 단위가 동반됨으로써 현실적 의미가 있게 됩니다. 즉 수학이 뼈라면 단위는 살로서 뼈와 살이 합쳐질 때 비로소 수학이 우리 생활에서 살아 움직이게 된다는 말입니다. 하지만 수학적 묘사의 정립이 현상의 이해를 뜻하는 것은 아님을 명심해야 합니다.

곱셈이라는 수학적 골격 위에 단위라는 거죽을 입힘으로써 현실적 존재가 나타나는 예로서 '넓이'가 있습니다. 즉 인간은 '거듭-덧셈'인 곱셈의 개념 영역을 확장함으로써 2차원의 '넓이'라는 새로운 개념을 확립하게 됩니다. 문제는 단위를 갖는 변수들의 곱셈은 단위라는 거죽으로 인해 모습이 바뀌고 해석이 달라진다는 것입니다.

여기서 {2원 × 3명}은 얼마인가 하는 문제를 살펴보겠습니다. 이 문제를 1명이 2원씩의 돈을 갖고 있을 때 3명이 가진 돈은 모두 얼마인가로 해석한다면 답은 '6원'이 됩니다. 한편 1원으로 3명이 들어가는 동물원에 2원이라는 돈으로는 모두 '6명'이 들어갈 수 있다고 풀 수도 있습니다. 그런데 2차원인 넓이의 개념으로 이 문제를 푼다면 '6원명'이라는 엉뚱한 답이 나오게 됩니다.

문제는 곱셈을 1차원의 연속된 속성인 '거듭-덧셈'으로 보는가, 아니면 2차원이라는 확장된 속성으로 보는가에 달려 있습니다. 확장된 속성의 경우를 보면 물리학의 공식에서 보듯이 곱셈은 덧셈과는 전혀 다른 해석의 토대를 갖는 개념을 낳게 됩니다. 이렇듯 차원에 따라 단위가 달라진다면 차원은 단위와 무슨 관계가 있는 것일까요?

$\{2m \times 3m = 6m^2\}$라는 곱셈의 경우는 넓이를 나타내는 문제로 결과에 문제가 없어 보입니다. 그런데 $\{2원 \times 3원 = 6원^2\}$이라는 경우는 생소한 단위로 인해 결과에 뭔가 문제가 있어 보입니다. 이렇게 차원의 문제는 길이라는 단위와 관련해서는 문제가 없어 보이는 반면 길이가 아닌 다른 단위를 사용할 경우에는 의미를 찾기가 곤란해집니다. 그렇다면 차원의 진정한 의미는 무엇일까요?

2차원의 넓이라는 표현에 특별한 의미가 들어 있는 것 같지는 않습니다. 여기서 제곱으로 표현된 넓이의 단위가 자연스러워 보이는 까닭은 단지 익숙하기 때문일 뿐입니다. 즉 단위의 자연스러움은 현상의 문제가 아니라 정의의 문제라는 것입니다. 단위가 없는 수학에 단위를 붙임으로써 현실이 되는데, 이때 수학과 현실을 이어주는 다리인 단위는 측도의 개념입니다. 그렇다면 차원의 문제는 곧 단위의 문제로 차원은 '가상 단위'로 볼 수 있겠습니다.

> 나는 기하학과 대수학에서 가장 좋은 것을 빌려 하나의 잘못을 다른 하나
> 를 가지고 모두 바로잡을 것이다.
>
> — 데카르트

** 대수와 기하의 야합

"모든 완전한 집합은 촘촘하다."라고 주장한 칸토어는 잘 순서 지어져 있으면서 동시에 완전한 집합을 '연속체'라고 정의합니다. 실수의 집합이 이에 해당하는데, 칸토어는 유리수의 집합이 무한 과정의 관점에서 닫혀 있지 않아 불완전하다고 본 반면 실수의 집합은 무한 과정의 관점에서 닫혀 있으므로 완전하다고 생각했습니다.

그런데 사실 빈틈의 진화를 따라 확장되어 온 각각의 수 집합은 새로운 연산 행위로 인해 새로운 빈틈이 발견되기까지는 그 자체로 완전한 순서의 연속체를 이룬다고 보아야 합니다. 이러한 연속체는 빈틈없이 연속되는 숫자들로 이루어진다는 점에서 앞서 얘기했듯이 '이산적-연속체'라는 이름이 타당해 보입니다.

> 더 긴 선이 더 짧은 선보다 많은 점을 포함하지는 않는다.
>
> — 갈릴레오

토비아스 단치히라는 수학사는 『수-과학의 언어』라는 저술에서 칸토어가 정의한 연속체를 '산술적 연속체'라고 부릅니다. 산술적 연속체라는 표현은 이산적-연속체의 개념과 같다고 볼 수 있겠습니다. 연속체의 개념은 직선에 숫자를 대응시키는 직관적 방법을 통해 계

속 재활용되어 마침내 로빈슨이라는 수학자가 초한수의 역수격인 무한소로 이루어진 초실수를 제안하기에 이릅니다. 하지만 초한수를 제안함으로써 수 체계의 유한성을 무너뜨린 칸토어라 할지라도 초실수로 인해 실수라는 연속체가 다시 열린다는 사실만큼은 인정하고 싶지 않아 할 것 같습니다.

단치히는 그의 책에서 "직선에 대해 알려진 성질은 기하학자 스스로 만들어 낸 것이다. 기하학자는 의식적으로 굵기와 폭을 무시한다. 그리고 의식적으로 그런 두 선이 만나서 생긴 교차점에 어떤 차원도 허용하지 않기로 가정한다. 산술학의 법칙을 기하학적인 대상에 적용하길 바라면서 무한 과정의 정당성을 인정한다. 고전 기하학은 이런 가정의 논리적 결과이지만 가정 자체는 임의적이고 기껏해야 편리한 허상이다."라고 말합니다. 이 말은 유어그라우가 『괴델과 아인슈타인』이라는 책에서 얘기한 다음과 같은 내용을 되새기게 합니다. "형식체계의 규칙은 우리 자신이 만들어 낸 것이기 때문에 우리는 그들이 모순이나 일관성에 어긋나지 않도록 이들을 관찰하고 통제할 수 있다."

무한이라는 개념을 들여다 본 단치히는 선형성에 기초한 수학적 세계와 비선형성에 기초한 현실적 세계의 차이에 대해 뒤의 인용에서처럼 이야기합니다. 이 논평에서 보듯이 두께를 갖는 선분은 변형이 없이는 구부릴 수 없습니다. 이 말을 뒤집어 보면 구부러진 선분이 만일 두께를 갖고 있다면 절대로 반듯하게 펼 수 없다는 말이 됩니다. 우리 주위에 존재하는 현실적 선분들은 수열 개념에서 비롯된 수학적 선분들과 달리 모두 이런 속성을 지닙니다.

📖 "무한 과정을 없애 버리면, 수학은 순수 수학이건, 응용 수학이건 피타고라스 이전 사람들에게 알려져 있던 상태로 돌아갈 것이다. 곡선의 길이에 관한 우리의 개념이 그 한 예이다. 물리적 개념은 구부러진 철사의 길이에 의존한다. 우리는 그 철사를 늘이지 않고 곧게 펴는 것을 상상한다. 그러면 그 똑바른 선분이 그 곡선의 길이의 척도가 될 것이다. 자, 그럼 '늘이지 않고'가 무슨 뜻인가? 우리는 그 길이에 변화를 주지 않음을 의미한다. 이런 공식화는 분명 순환논법petitio principii으로 수학적 정의가 될 수 없다."

> 무한은 그저 비유적 표현에 지나지 않습니다. 어떤 정량이 원하는 만큼 가까이 다가갈 수 있는 극한이 존재하고, 한편 어떤 값은 모든 한계를 넘어서서 커지는 것이 허용될 수 있다는 표현의 간소화된 형태입니다.
>
> - 가우스

칸토어는 수 집합의 크기 문제를 볼차노가 제기한 '집합의 파워'라는 개념을 이용하여 설명합니다. 그는 집합의 크기 문제에 농도라는 개념을 사용하는데, 농도는 수열의 개념에서 비롯된 개념으로 결국 무한 과정의 문제로 이어집니다. 칸토어가 사용한 농도는 상상 속의 존재인 수학적 선분에서 비롯된 개념입니다. 여기서 수학적 선분은 무한 분할의 특성을 갖는데 거듭되는 얘기지만 무한 분할은 무한 확대를 전제로 하는 개념입니다.

현실적 선분은 수학적 선분과 달리 르베그라는 수학자가 고안한 측도에 기초한 밀도가 관련됩니다. 현실적 선분인 철사를 실제로 구부릴 때는 변형이라는 문제에 걸리게 되는데, 모양을 유지한 채로 철사를 구부리는 일은 불가능하다는 말입니다. 즉 구부림은 곡률의 문제로 평평한 방석으로는 볼록한 모자를 만들 수 없습니다. 현실적 선분은 '원자의 벽'이라는 측도의 특성으로 인해 자름이나 겹침이 없이는 수학적 선분과 같은 변형이 불가능하기 때문입니다.

곡률의 측도 문제

평면인 세계지도로는 입체인 지구본을 만들 수 없다.

단치히는 뒤의 인용에서 보듯이 현실 세계에서는 불가능한 수학적 현상을 기적이라고 일컫습니다. 그는 이렇게 현실 세계와 달리 수학이라는 추상의 세계에서 기적이 일어날 수 있는 이유는 무한이라는 개념 때문이라며, 그 중요성을 지적합니다. 단치히의 지적에서 보듯이 수학은 상상 속에서만 존재하는 세상, 즉 의존개념에 의해 구성되는 가공의 세계인 것입니다.

"그러나 이렇게 평평한 것, 곧은 것, 일정한 것을 그 정반대의 것들, 비틀린 것, 일정하지 않은 것에 적합하게 할 수 있을까? 유한개의 단계를 통해서는 분명 안 된다! 기적은 기적을 만드는 것, 바로 무한에 의해서만 가능하다. 기본적인 비례적 개념을 고수하기로 결정했다면, 우리는 우리가 느끼는 '구부러진' 현실을 우리 상상 속에서만 존재하는 평평한 세상의 무한수열의 최종적 극한 단계로 간주하는 것 말고는 다른 대안이 없다. 기적은 그것이 유효하게 작용한다는 것이다!"

** 기하학의 횡포와 궤변

'아리스토텔레스의 바퀴Rota Aristotelis'라는 수학적 역설의 문제가 있습니다. '아리스토텔레스의 바퀴'는 지름의 비가 {1:2} 인 두 개의 동심원으로 이루어진 바퀴를 말하는데 레일 위에 놓인 기차 바퀴를 연상하면 됩니다. 뒤 글상자의 그림에서 가는 선으로 그린 작은 원의 반지름이 r 이라면 그 원둘레는 $2\pi r$ 이 되겠고 반지름이 두 배인 굵은 선으로 그린 큰 원의 원둘레는 $4\pi r$ 이 될 것입니다.

이 바퀴가 직선인 길 위에서 한 바퀴를 구른다면 무슨 일이 일어날까요? 반지름이 $2r$ 인 바깥쪽의 큰 원이 평평한 길 위에서 한 바퀴를 구르는 동안 반지름이 r 인 안쪽의 작은 원도 똑같이 한 바퀴를 구르게 됩니다. 이때 그림에서 보듯이 큰 원의 궤적은 굵은 선의 직선이 될 것이고, 작은 원의 궤적은 가는 선의 직선이 될 것입니다. 그리고 두 원이 함께 360°를 구르므로 두 원과 두 직선의 접점은 구르기 전후에 같은 위치에 있게 됩니다.

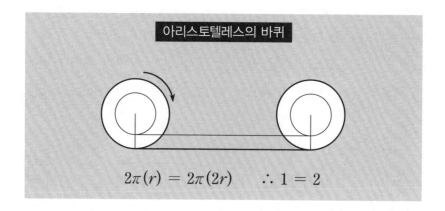

아리스토텔레스의 바퀴

$$2\pi(r) = 2\pi(2r) \qquad \therefore 1 = 2$$

굵은 선과 가는 선으로 이루어진 두 개의 직선은 큰 원과 작은 원이 360°, 즉 한 바퀴를 구른 궤적이므로 당연히 두 원의 원둘레의 길이와 각각 같아야 합니다. 다시 말해 두 원의 원둘레가 각각 두 궤적의 길이가 되는데, 그림에서 보듯이 평행한 굵은 선의 직선과 가는 선의 직선은 길이가 같습니다. 따라서 {$2\pi r = 4\pi r$}라는 수식이 성립함을 알 수 있고, 이어서 {$1 = 2$}라는 결론을 얻게 됩니다. 그런데 이 결론은 분명히 수학적으로 모순입니다.

'아리스토텔레스의 바퀴'의 모순은 과연 어디에서 비롯되는 것일까요? 이러한 모순은 바로 수학이 고유개념이 아니라 의존개념으로 구성되는 세계이기 때문에 일어나는 인식적 혼란입니다. 즉 이 문제는 크기가 무시된 수학적 선이라는 개념의 추상성에서 비롯되는 문제로 실제 상황에서는 절대로 구를 수 없는 바퀴를 구른다고 잘못 가정한 데서부터 시작된 것입니다.

두 바퀴가 동시에 구를 수 없는 이유는 큰 원을 굴리면 작은 원이 미끄러지고 작은 원을 굴리면 이번엔 큰 원이 미끄러지기 때문입니다. 여기서 '미끄러진다'는 말이 무슨 뜻이냐 하면 두 원을 롤리 프린터라 생각하고 잉크를 묻힌 다음에 두 장의 종이 위에 인쇄한다면 두 직선 궤적의 잉크 농도가 다르게 찍힌다는 뜻입니다. 즉 구른 궤적은 진하게 찍힐 것이고, 미끄러진 궤적은 흐릿하게 찍힌다는 말입니다.

이렇듯 대수학이 기하학과 연결되면서 일으킨 논란의 파장은 심각합니다. 수를 길이에 대응시키는 문제는 바로 기수성으로부터 서수성으로의 전환을 의미합니다. 기수성이란 많고 적음의 문제, 즉 다소성의 다른 이름이지만, 서수성이란 바로 크고 작음의 문제, 즉 대소성의 다른 이름임을 알아야 합니다.

여기서 중요한 점은 다소성에는 순서가 없지만, 대소성이 되면 순서의 문제가 발생한다는 사실입니다. 즉 기수성에서 서수성으로 수의 개념이 전환되는 과정에서 예기치 않게도 순서라는 개념의 개입이 일어나게 된 것입니다. 아니 순서의 개념은 어쩌면 인간이 자연수에 의해 이산적–연속체라는 개념을 사용하기 시작한 바로 그 시점에 이미 내정되어 있었는지도 모릅니다.

유클리드가 모래판에 굵은 막대로 두 개의 3각형을 그렸다.
"이 두 3각형은 서로 합동이다!"
'엉뚱한 나라의 세린'이 물었다.
"굵은 금의 안쪽 3각형 말인가요 아니면 바깥쪽 3각형 말인가요?"
유클리드가 못마땅하다는 듯 대답했다.
"본래 선이란 두께가 없는 것이니라!"

수학은 흔히 보편적 진리성에 근거하고 있다고 생각하기 쉽지만, 수학에서는 내용에 대한 진리성이 아니라 형식에 대한 타당성만이 문제가 될 뿐입니다. 즉 수학은 자연과학과는 달리 법칙이 아니라 법에 의존합니다. 법칙은 인과성에 관련된 서술적 속성을 갖는 데 반해 법은 당위성에 관련된 규범적 속성을 갖습니다. 불연속을 통해 연속성을 정의하는 규범 속에서 이산적-연속체가 탄생하고, 이산적-연속체에 부여되는 순서의 약속에서 수 개념이 시작됩니다.

수학은 집합의 포섭 관계에서 비롯되는 논리라는 당위성에 근거합니다. 뒤 글상자의 예화처럼 두 공장의 작업 시간과 관련된 진술은 마치 런던 공장이 맨체스터 공장과 인과적으로 연결되어 있다는 내용을 서술하고 있는 것처럼 보입니다. 하지만 사실은 두 공장의 사건 사이에는 인과적 관계가 아니라 논리적 관계가 있을 뿐입니다. 이 진술은 그래서 추론에서 형식의 타당성과 내용의 진리성 사이의 관계에 대한 의문을 밝혀주는 좋은 예가 되겠습니다.

인과성은 추론 과정에서 중요한 역할을 담당하고 있는데, 흄은 인과성을 단지 상호 인접하는 사건의 심리적 연합으로 일어나는 일종의 습관적 절차에 불과할 뿐이라고 주장합니다. 어쩌면 흄은 뒤 글상자의 예화에 나오는 맨체스터 공장과 런던 공장 사이에 과연 인과성이 있는지 그 의미를 묻고 싶어 했는지도 모릅니다.

> 맨체스터 공장의 시계가 12시 종을 치면,
> 런던 공장의 일꾼들이 일손을 놓는다!

** 힐베르트의 호텔과 무한의 문제

무한개의 객실이 있다는 '힐베르트의 호텔'은 이미 만원입니다. 그런데 한밤중에 또다시 무한명의 손님이 밀어닥칩니다. 그러자 호텔 주인인 힐베르트는 투숙객들에게 현재 자기가 투숙하고 있는 방 번호의 두 배가 되는 방 번호를 가진 방으로 모두 옮기도록 지시합니다. 힐베르트는 이렇게 해서 만원이었던 호텔에 또다시 무한개의 방을 확보했다고 생각합니다.

인간의 인식 방법에는 정역학적 해석 방법과 동역학적 해석 방법의 두 가지가 있습니다. 전자는 결과에 중점을 두는 반면 후자는 과정에 중점을 둡니다. '힐베르트의 호텔' 파라독스는 바로 이 두 가지 인식 방법의 미묘한 차이를 보여 주는 예라 할 수 있겠습니다. 즉 힐베르트는 자신의 무한개의 방 호텔의 문제를 정역학적 모형으로 이해하고 풀이를 제공합니다.

힐베르트의 'n'을 '2n'에 대응시키는 방법은 정역학적 해석의 방법입니다. 정역학적 해석에서는 결코 과정에 대한 질문이 허용되지 않습니다. 무한이니 마지막이니 하는 개념은 열린 개념이고, 이렇게 열린 개념의 체계 아래에서는 과정에 대한 질문이 허용되지 않습니다. 무한이라는 개념 속에는 마지막이라는 개념이 존재하지 않기 때문입니다.

열린 개념은 홀로 설 수 있는 고유개념이 아니라 의존개념임을 기억해야 합니다. 열린 개념이란 대상의 경계를 허용하지 않는 개념으로 인간에게 구체적으로 이해될 수 있는 개념이 아닙니다. 뒤에서 집합론의 파라독스와 관련해서 소개하겠습니다만 '이발사의 파라독스'

에 관해 브로우베르가 주장하듯이 인식 대상이 될 수 없는 대상에 논리를 적용하게 되면 문제가 꼬이게 됩니다. 상대적 의존개념인 '마지막'이라는 개념은 재인 과정에서 메타경첩이 사라져버린 유리개념이기 때문에 닫힌 형태로는 결코 정의를 내릴 수 없는 모든 논리적 말썽의 장본인입니다.

'힐베르트의 호텔'은 처음에 모든 방이 차 있었는가? 즉 '힐베르트의 호텔'에는 애초에 빈방이 있었는가? 도대체 마지막 방의 손님은 어디로 이동하는가? 하고 다시 묻는다면 힐베르트는 필시 이 호텔은 무한개의 방을 가진 호텔이라서 '모든' 방이나 '마지막' 방과 같은 건 존재하지 않는다고 대답할 것입니다.

> 스승이 말했다.
> "열차 사고는 늘 마지막 칸에서 일어난다는 게 문제다!"
> 제자가 답했다.
> "열차에서 마지막 칸을 떼어내 버린다면, 문제가 없어지지 않겠습니까?"

아킬레스와 거북이 경주할 경우 아킬레스가 거북의 뒤에서 출발하는 한 아킬레스가 아무리 빨라도 결코 거북을 앞지를 수 없다는 것이 이른바 제논의 파라독스 중 하나입니다. 이 문제는 수학의 무한급수의 수렴 값을 이용함으로써 파라독스가 해결된다고 흔히 생각합니다. 그런데 제논이 주장하는 요점은 바로 그런 수렴 값에 결코 도달하지 못한다는 것입니다. 물론 이 또한 동역학적 현상을 정역학적으로 해석함으로써 발생하는 파라독스입니다.

무한급수의 수렴성에 의한 설명은 오직 주어진 거리의 한계 내에서의 문제 해결일 뿐으로 영역의 문제라는 새로운 과제를 남깁니다. 즉 시간이 배제된 정역학적 관점에서는 파라독스가 풀린 듯이 보이지만 시간이 개입된 동역학적 관점에서는 여전히 문제가 풀리지 않은 상태로 남아 있게 된다는 것입니다.

아킬레스와 거북의 경주는 거북이 아킬레스에 앞서 있는 상태에서 시작됩니다. 경주가 시작되고 일단 아킬레스가 거북이 처음 있던 위치까지 가면 그동안에 거북은 얼마인가 움직이게 됩니다. 아킬레스가 다시 거북이 있던 위치까지 가면 거북은 그동안에 또 움직입니다. 그리고 이러한 과정은 무한히 반복되므로 결국 아킬레스는 거북을 따라잡지 못한다는 것이 제논의 주장입니다.

이 문제 또한 무한 분할이 핵심인데, 무한 분할은 무한 확대를 전제로 합니다. 제논의 설명에서 중요한 점은 경주가 계속됨에 따라 아킬레스와 거북의 차이가 점점 줄어든다는 사실입니다. 이 차이가 너무 작아져서 거의 보이지 않게 되면 아마도 제논은 이 차이를 확대할 것을 제안할 것입니다. 그러면 경주는 최초의 상태로 돌아가게 되고, 제논의 추적은 다시 시작됩니다. 줄어들면 확대하고 또 줄어들면 또 확대하는 것이 제논의 전략입니다.

제논의 경주 파라독스에서는 둘 사이의 차이가 점점 줄어들다가 마침내 원자의 폭만큼 작아지는 순간이 오게 됩니다. 바로 이 순간 확대는 현실적으로 불가능해집니다. 즉 무한 확대의 시행은 마침내 '원자의 벽'이라는 더 이상 확대가 불가능한 현실적 한계에 가로막히게 되는데, 여기서 제논의 계략은 효력을 잃게 됩니다. '원자의 벽'으로 이루어진 현실적 거리의 개념은 측도의 문제입니다.

　제논의 파라독스는 관찰의 척도인 인식의 폭을 무한소로 놓음으로써 발생합니다. 하지만 인식의 폭을 결정하는 거리나 시간은 수학적 선분과 달라서 무한히 쪼갤 수 있는 존재가 아닙니다. 아킬레스가 거북을 쫓는 동안 차이가 마침내 감지가 가능한 최소 인식의 폭 이내로 작아지게 되면 두 사건은 서로 겹쳐서 구별할 수 없게 됩니다. 즉 둘은 동시에 같은 위치에 있다고 인식됩니다. 동시성이 부여되는 인식의 폭 다음에 오는 인식의 폭에서는 아킬레스가 거북을 앞서는 사건으로 변화된 새로운 인식이 나타나게 됩니다.

　관찰은 최소 단위 거리와 최소 단위 시간을 기본 척도로서 갖습니다. 이러한 기본 척도 안에 들어 있는 사건들은 사실상 서로 구별이 불가능하므로 이때 비로소 동시성이라는 용어가 의미를 갖게 됩니다. 이렇게 최소 인식의 폭에 의한 동시성의 정의야말로 동시성에 대한 가장 현실적인 정의라 할 수 있습니다. 인간의 인식 모형에 대한 단치히의 비판은 귀담아들을 필요가 있습니다.

　　　📖 "수학적 운동은 단지 정지 상태의 무한한 연속일 뿐이다. 즉 수학은 동역학을 정역학의 한 분야로 바꾼다. … 이렇게 운동을 움직이는 물체가 그 평형 상태에 있는 동안의 연속적인 정지 상태의 연속과 동일시하는 것은 얼핏 보기에는 터무니없어 보인다. 그러나 정지한 상태로 이루어진 운동이 터무니없다면 크기가 없는 점으로 이루어진 길이나 지속 기간이 없는 순간으로 이루어진 시간 또한 터무니없기는 마찬가지이다."

˙˙집합의 모순과 모순의 계보

집합에는 공집합을 나타내는 {∅}라는 표기가 사용됩니다. 이 집합의 표현에서 '괄호'는 무슨 의미가 있을까요? 예를 들어 'A = {a, b, c}'라는 집합과 'B = {{a}, {b}, {c}}'라는 두 집합의 사이에는 무슨 차이가 있는 것일까요? 'a, b, c'와 '{a}, {b}, {c}'는 모두 집합의 구성 성분인 원소를 나타내는 것이 분명합니다. 다만 'a, b, c'는 개체를 의미하고, '{a}, {b}, {c}'는 집합을 의미합니다. 따라서 A라는 집합은 개체로 이루어진 집합인 반면 B라는 집합은 집합으로 이루어진 집합이라고 말할 수 있겠습니다.

두 집합 모두 비록 원소의 형태는 다르지만 각 원소의 내용을 살펴본다면 A집합과 B집합 모두 a와 b 그리고 c로 이루어져 있음을 알 수 있습니다. 형식은 달라 보여도 그 내용은 같아 보인다는 얘기가 됩니다. 그렇다면 내용은 같은데 형식이 다르다는 말은 과연 무슨 뜻일까요? 내용이 같다면 A집합과 B집합은 본질적으로 같다고 해야 하지 않을까요?

괄호라는 기호는 구분을 위한 단순한 경계에 불과한 것일까요? 집합이라는 개념이 진정한 의미가 있기 위해서는 괄호가 단순히 경계를 위해 사용되는 기호여서만은 안 될 것입니다. 집합의 의미가 명확해진다면 자연히 괄호의 성격 또한 명확해질 것입니다. 사실 수학적으로는 'a'와 '{a}' 사이의 차이를 구분하는 것이 불가능해 보입니다. 이러한 의미의 차이는 집합이라는 개념을 원자·분자의 관점과 연결지어 생각할 때 비로소 분명해집니다.

집합은 개체를 원소로 하는 모임입니다. 그리고 전체 개체 중 일부를 뽑아서 원소로 만든 집합이 부분집합입니다. 즉 부분집합이란 전체 집합의 원소 중 일부로 이루어진 하나의 배열을 나타냅니다. 따라서 전체 집합의 구성 원소를 '원자'라고 한다면 그중 일부를 뽑아 하나의 배열 상태를 나타낸 부분집합은 하나의 '분자'를 의미한다고 볼 수 있겠습니다.

개체인 원자들과 달리 원자들이 결합한 분자는 상태를 나타냅니다. 그리고 부분집합은 하나의 배열 상태를 나타내므로 이 역시 하나의 분자로 볼 수 있습니다. 이렇게 개체 및 상태의 개념을 이용함으로써 집합을 두 개의 서로 다른 부류로 나눌 수 있게 됩니다. 즉 하나는 원자를 원소로 하는 '개체의 집합'인 〈원자집합〉이요, 다른 하나는 분자를 원소로 하는 '상태의 집합'인 〈분자집합〉입니다.

이들 〈원자집합〉과 〈분자집합〉이라는 두 종류의 집합 사이에는 중요한 차이가 존재하는데, 바로 배타성입니다. 집합에서의 배타성은 흔히 '서로 소素'라는 형태로 나타나는데 〈원자집합〉의 원소들 사이에는 배타성이 존재하지 않는 반면 집합의 집합인 〈분자집합〉의 원소들 사이에는 배타성이 존재하게 됩니다. 원소 간의 배타성은 집합의 종류를 구별 짓는 중요한 속성입니다.

먼저 레고 블록이 원소인 집합을 예로 들어보겠습니다. 전체 레고 블록 중 일부를 골라서 만든 하나의 빌딩은 하나의 집합입니다. 이 집합은 전체 레고 블록의 부분집합이 됩니다. 이때 하나의 빌딩을 형성하는 레고 블록들은 서로 다른 레고 블록이므로 한 빌딩, 즉 한 집합 내에 동시에 존재할 수 있습니다. 다시 말해 이렇게 구성된 집합 내의 원소 간에는 상호 배타성이 없습니다.

다음으로 빌딩이 원소인 집합을 예로 들어보겠습니다. 전체 레고 블록 중 일부를 사용하여 하나의 빌딩을 만들고 사진을 찍습니다. 그리고는 이를 허물고 다시 다른 빌딩을 만들고 사진을 찍습니다. 이 렇게 차례로 만든 빌딩들은 전체 레고 블록의 부분집합들이지만 모두 동시에 만든 빌딩들이 아니므로 같은 레고 블록이 반복적으로 사용되기도 합니다. 결국, 이러한 빌딩 사진의 모음은 타운을 형성함으로써 집합의 집합을 나타냅니다. 그런데 이렇게 구성된 집합 내의 원소들은 상호 배타성을 지니게 됩니다.

여기서 레고 블록을 원소로 갖는 빌딩이라는 집합은 단순한 집합으로 '레고 블록'이라는 원소 간에 배타성이 존재하지 않으므로 원자집합을 의미합니다. 하지만 빌딩 사진을 원소로 갖는 타운이라는 집합은 집합의 집합으로 '빌딩 사진'이라는 원소 간에 배타성이 존재하므로 분자집합을 의미합니다.

'A = {a, b, c}'라는 집합과 'B = {{a}, {b}, {c}}'라는 두 집합은 얼핏 구성 원소가 같아 보이지만 사실은 전혀 다른 집합인 것입니다. 즉 A는 하나의 빌딩을 의미하지만, B는 세 개의 빌딩으로 이루어진 하나의 타운을 의미하기 때문입니다. 다시 말해 A는 원자집합이지만, B는 분자집합입니다. A에 포함된 원소들은 하나의 빌딩을 이루므로 동시에 존재하는 속성을 갖지만, B에 포함된 세 개의 빌딩은 동시에 존재할 수 있는 빌딩들이 아니라는 의미에서 배타성이 존재한다는 사실을 잊어서는 안 됩니다.

집합과 집합족

① 집합 = {개체} = $\{a \mid a \in A\}$
② 집합족 = {집합} = {{개체}} = $\{\sum a \mid \sum a \subset A\}$

원자집합에 대해서는 기존의 '집합集合 set'이라는 표현을 계속 사용할 수 있겠지만, 분자집합에 대해서는 기존의 집합이라는 동일한 표현보다는 '집합족集合族 ensemble'이라는 새로운 표현이 필요합니다. 원자를 원소로 갖는 '개체의 모임'인 원자집합과 분자를 원소로 갖는 '상태의 모임'인 분자집합의 사이에는 구성 원소 간에 배타성이라는 중요한 차이가 존재하기 때문입니다.

원자집합과 분자집합 사이의 개념적 구별이 중요한 이유는 집합의 구분에 원소 간의 배타성이 기준으로 사용될 수 있기 때문입니다. 즉 원자집합인 집합과 달리 집합족이라 부르는 분자집합의 새로운 개념을 사용함으로써 원소 간의 배타성이 기존의 집합론에서 발생하는 혼란과 모순을 피할 수 있는 새로운 길을 열어주게 되기 때문입니다.

고대 그리스의 파르메니데스는 "존재하는 것은 존재하고, 존재하지 않는 것은 존재하지 않는다."라고 존재에 관해 지극히 당연해 보이는 선언을 합니다. 그러나 당시에 운동을 부정하는 파르메니데스를 공격하기 위해 데모크리토스는 "존재하지 않는 것은 존재하는 것 못지않게 존재한다."라고 하면서 '부재不在'에 대해 실로 엉뚱한 주장을 펴게 됩니다. 이로써 서양철학에서는 '존재하지 않는 것'이 '존재하는 것' 못지않게 버젓이 존재하게 되는 황당한 일이 일어나게 됩니다.

파르메니데스의 선언인 〈있음의 없음〉은 곧 〈존재의 부재〉로 열린 논리의 문제인 반면 데모크리토스의 선언인 〈없음의 있음〉은 〈부재의 존재〉로, 곧 닫힌 논리의 문제입니다. 그런데 이런 철학의 존재 문제와 관련해서 열린 논리와 닫힌 논리의 문제가 훗날 수학에서 〈임의 아님〉이라는 열린 논리와 〈아님의 임〉이라는 닫힌 논리의 문제로 이어지게 됩니다.

"A is not B."

① A (is not) B. ➡ { A ≠ B }
② A is (not B). ➡ { A = ~B }

〈임의 아님〉이라는 명제의 언어적 표현은 {A는 B가 아니다.}입니다. 이에 대한 수학적 표현은 {A ≠ B}로 결국 '아님'이라는 열린 개념의 표현이 됩니다. 한편 〈아님의 임〉이라는 명제의 언어적 표현은 {A는 ~B이다.}입니다. 이에 대한 수학적 표현은 {A = ~B}로 결국 '임'이라는 닫힌 개념의 표현이 됩니다. 〈임의 아님〉이라는 형식의 표현은 일상 언어에서 흔히 쓰이는 표현입니다만 〈아님의 임〉이라는 형식의 표현은 일상 언어에서는 찾아보기 어렵고 다만 논리학에서만 나타나는 특이한 표현법입니다.

앞 글상자의 표현처럼 수학에서의 ①〈임의 아님〉이라는 열린 논리의 문제와 ②〈아님의 임〉이라는 닫힌 논리의 문제는 모두 일상 언어에서는 동일한 표현으로 나타납니다. 즉 수학에서는 〈임의 아님〉이라는 열린 논리의 문제가 심층적 구조면에서 〈아님의 임〉이라는 닫힌 논리의 문제와 동일한 형식을 갖는 문제라는 뜻입니다. 따라서 두 논리는 수학적으로 서로 변환이 가능하다는 특징을 갖고 있음을 알 수 있습니다.

러셀은 "논리학은 수학의 유년기이고, 수학은 논리학의 장년기이다."라고 말한 바 있습니다. 전기 비트겐슈타인은 이러한 러셀의 영향을 받아 언어가 논리적임을 믿었고, 따라서 논리가 언어에 우선한다고 생각했습니다. 그러나 후기 비트겐슈타인은 그러한 환각에서 깨어나 거꾸로 논리가 언어적임을 깨닫게 되었을 것입니다. 즉 언어가 논리에 우선한다고 생각이 바뀌게 된 것입니다.

필시 비트겐슈타인에게 칸트처럼 코페르니쿠스적 전회가 일어난 것으로 보입니다. 그것은 〈아님의 임〉이라는 진술이 논리적으로는 문제가 없어 보이지만, 언어적으로는 문제가 될 수 있다는 깨달음일 것입니다. 〈임의 아님〉이라는 문제는 진리성의 문제를 내포합니다. 그래서 이러한 형태의 진술로부터는 진리성의 여부를 쉽게 판별할 수 있습니다. 이와 달리 〈아님의 임〉 문제는 타당성만을 판별할 수 있을 뿐 진리성 여부를 판별할 수는 없습니다.

존재와 관련되는 '임'을 정의하는 일은 닫힌집합과 관련된 고유개념의 문제로 별로 힘든 일이 아닙니다. 그러나 부재와 관련되는 '아님'을 정의하는 문제는 속성상 열린집합과 관련되어 있기 때문에 그 정의가 의존개념과 관련되고 추상적일 수밖에 없습니다.

꼬리를 물고 도는 뱀

닫힌 개념은 한정적이지만, 열린 개념은 한정적이지 않습니다. 다시 말해 열린 개념은 사라진 메타경첩으로 인해 늘 내부에 연결 문제를 안고 있습니다. 논리학과 관련된 언어철학의 문제 대부분이 바로 이 부재와 관련된 '아님'의 정의 문제와 얽혀 있음은 어쩌면 지극히 당연한 일일는지도 모릅니다.

집합이란 원소의 모임을 뜻합니다. 여기에 하나의 집합이 있는데, 이 집합의 원소는 바로 이 집합에 속하지 않는 원소들입니다. 이렇게 자기 자신에 속하지 않는 원소를 원소로 갖는다는 이른바 '러셀의 집합'을 정의한다면 이러한 정의는 현실적으로 과연 무슨 의미가 있을까요?

"정의할 수 없는 걸 정의하도록 우리를 유혹하는 함정이 바로 언어다."라고 했던 비트겐슈타인의 경고는 러셀의 집합과 같은 가상의 인공물을 겨냥하는 경고로 보입니다. 이렇게 말도 안되는 가상의 인공물에 대한 창작은 바로 인간의 마음이라는 가상현실에서 나타나는 가공력의 소산임을 알아야 합니다.

집합론에서의 모순을 제거하기 위해 러셀은 모든 집합을 (1)자신을 포함하는 집합과 (2)자신을 포함하지 않는 집합으로 나누어야 한다고 주장합니다. 러셀이 '이발사의 파라독스' 문제를 꺼낸 진정한 이유는 집합의 정의와 관련된 문제였습니다. 즉 그의 원래 의도는 집합을 정의하는 데 있어서 "집합의 원소는 무엇이든 상관없다."라는 생각에 문제가 있으며, 따라서 집합의 원소에 관한 정의에는 제한이 필요하다는 생각에서 출발한 것이었습니다.

그러나 집합론에서 자기 자신의 포함 문제는 무한 소급의 문제를 일으킬 수는 있을지언정 자기모순의 문제로는 이어지지 않습니다. 집합론의 모순 문제는 자세히 살펴보면 자신의 포함 외에도 항상 부정 형태의 진술이 수반됨을 볼 수 있습니다. 즉 집합론에 있어서 모순의 본질은 자기 자신으로 되돌아오는 자신의 포함이라는 특성 외에도 부정적 진술이 동시에 수반되는 부정재귀의 형태를 이룬다는 데 있습니다. 부정재귀는 곧바로 동일률의 위반으로 이어지게 되므로 결국 기존의 집합론에서 발생하는 모순은 애당초 시작부터 당연히 예견된 결과라고도 할 수 있겠습니다.

집합론의 파라독스를 해결하기 위해 러셀은 '유형類型 type'에 의한 집합론을 주장합니다. 대상에 적용되어야 할 술어가 대상이 아닌 속성이나 관계에 적용된 진술들은 모두 무의미한 사이비 진술로 보아야 한다는 것이 러셀의 유형 이론입니다. 그런데 앞서 제안한 원자집합과 분자집합의 개념에 바탕을 둔 집합과 집합족의 구분을 적용할 경우 러셀의 유형 주장에 대한 이론적 근거가 제공될 뿐만 아니라 모순이 제거된 집합론의 새로운 논리적 구조가 가능해짐을 알 수 있습니다.

"아무것도 없는 것에 굳이 이름을 붙이고 그 존재를 인정해야 하는가?" 하고 공집합이라는 개념을 불편하게 여겼던 프레게는 사실 집합의 문제성에 대비해서 나름대로 보안 장치를 제안한 바 있습니다. 집합을 두 종류로 구분하는 포섭과 종속의 두 개념입니다. 포섭은 원자집합인 '집합'의 속성이고, 종속은 분자집합인 '집합족'의 속성입니다. 하지만 포섭과 종속이 결국 배타성의 문제임을 알아차리지 못한 프레게는 자신의 제안을 완성하지 못합니다.

한편 브로우베르라는 수학자는 집합론에서 파라독스가 발생하는 원인을 러셀과는 다르게, 인식 대상이 될 수 없는 대상에 논리를 적용할 때 파라독스가 발생한다고 생각했습니다. 실제로 존재하는지 아닌지 모르는 대상에 논리를 적용할 경우에는 황당한 결론이 나올 수 있기 때문에 그런 식으로 논리를 적용해서는 안 된다는 주장입니다. 그는 수학적으로 존재가 보장되는 대상만 논리적 분석 대상으로 삼아야 한다고 말합니다.

그렇다면 "수학적으로 존재가 보장된다."라는 것은 어떤 의미일까요? 브로우베르에 의하면 각각의 자연수는 논리적으로 인식될 수 있지만, '자연수 전체'라는 공허한 개념은 인간의 인식 대상이 될 수 없다고 주장합니다. '무한'이라는 개념은 끝없이 커지는 하나의 열린 상태지, 그 자체가 '10개'나 '20개'처럼 인간이 다룰 수 있는 닫힌 실체가 아니라는 것입니다. 즉 인간은 무한으로 나아갈 수는 있지만, 무한을 다룰 수는 없다는 것이 그의 주장입니다.

사유의 대상은 개념만으로는 존재할 수 없으며, 구체적인 형태로 그 모양을 보여줄 수 있을 때만 존재성이 인정된다고 브로우베르는 주장합니다. 따라서 자기 자신을 원소로 포함하지 않는 집합은 인식의 대상으로의 존재 여부가 불투명하므로 그 집합이 자기 자신을 원소로 갖는지 아닌지를 따지는 것은 무의미하다는 것입니다.

브로우베르 사유의 핵심은 수학적 존재의 문제를 인간의 인식 행위와 결부시켜 생각했다는 점입니다. 그는 수학을 인간과 무관한 진리로 보지 않았고, 수학의 기초는 자연수열의 직관에 있다고 역설합니다. 이러한 브로우베르의 칸트적 수학관을 직관주의라고 부르는데, 직관주의의 입장을 유한의 입장이라고도 부릅니다. 유한의 입장이란 인간의 입장이라는 뜻입니다. 인간은 유한하기 때문입니다. "수학은 학문이기보다는 오히려 행위이다."라는 브로우베르의 말은 이러한 입장을 잘 나타내고 있습니다.

갈릴레오의 "자연은 수학으로 쓰인 책이다."라는 진술보다는 "자연은 인간 정신을 먼저 만들고, 다음에 사물을 앞엣것에 적응하도록 만든 것이 아니라 그 반대의 순으로 만들었다."라는 논평의 울림이 더 큽니다. 사실 인간은 손뼉 소리조차도 언어로 표현하지 못합니다. 어쨌든 수학적 묘사의 정립이 현상의 이해를 뜻하지는 않습니다. 왜냐하면, 수학은 마음의 가공력에 의해 가상현실이라는 위상공간에 펼쳐지는 순서의 예술일 뿐이기 때문입니다.

> 이보게 친구, 모든 이론은 잿빛이야,
> 푸른 건 오직 삶의 황금나무뿐이라네.
>
> – 메피스토펠레스

닫는 글

一切集合 　　眞空妙有
均差成向 　　時出龍門
解習見性 　　萬物移衡
知藏得心 　　解動得道

因明包攝 　　帚影無塵
眞如觀念 　　雁影驚魚
相始於象 　　唯心造化
解名得法 　　心空得生

모두가 집합으로 이루어지니
차이가 평균돼 방향을 정하네.
습관을 풀면 본성을 보리니
감춤을 알면 마음을 얻도다!

진공이란 묘하게 가득 차 있어
용문에 올라야 시간이 흐르네.
만물은 평형으로 옮겨 가니
움직임을 풀면 길을 얻도다!

논증은 포섭을 이름이요
진리란 생각에 불과하네.
분별은 구조에서 비롯되니
이름을 풀면 법을 얻도다!

빗사투 그림사엔 번지가 없는데
기러기 그림자엔 고기가 놀라네.
오직 마음이 조화를 부리니
마음을 비우면 삶을 얻도다!

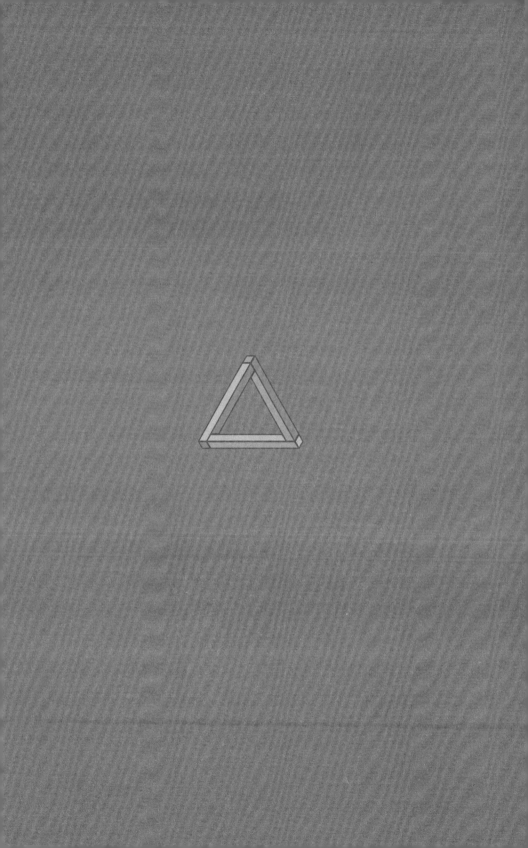

우주를 맴도는 러셀의 찻잔

펴 낸 날 2019년 8월 15일

지 은 이 주민수
펴 낸 이 이기성
편집팀장 이윤숙
기획편집 정은지, 이민선, 최유윤
표지디자인 정은지
책임마케팅 임용섭, 강보현
펴 낸 곳 도서출판 생각나눔
출판등록 제 2018-000288호
주   소 서울 잔다리로7안길 22, 태성빌딩 3층
전   화 02-325-5100
팩   스 02-325-5101
홈페이지 www.생각나눔.kr
이 메 일 bookmain@think-book.com

• 책값은 표지 뒷면에 표기되어 있습니다.
  ISBN 979-11-90089-56-2 (03160)
• 이 도서의 국립중앙도서관 출판 시 도서목록(CIP)은 서지정보유통지원시스템 홈페이지
  (http://seoji.nl.go.kr)와 국가자료공동목록시스템(http://www.nl.go.kr/kolisnet)에서
  이용하실 수 있습니다(CIP제어번호: CIP2019029629).